AF322627

Marc Zimmerman

Sandino en la frontera

Edición revisada con una nueva sección
sobre la Revolución Sandinista

Traducido por Marisabel Martín Córdova
Con los grabados de Carlos Barberena

—Debe haber muchos libros, muchos pinos hermosos,
para resguardar de los ojos hambrientos el libro que realmente
importa, la jodida gruta de nuestra desgracia,
la flor mágica del invierno…
Roberto Bolaño, *2666*.

Esta es una obra de ficción
aunque no lo parezca,
incluso cuando los personajes
se refieran a sus palabras
como memorias o verdades,
no suspenda su incredulidad.
Cualquier parecido con los personajes,
vivos o muertos, resulta
de una serie de engaños cuidadosamente diseñados.
Pero, ¿debería creer en este descargo de responsabilidad?
¿Es esta la mayor ficción de todo el libro?
¿O no lo es?
MZ

*A esos nicas fronterizos y el recuerdo
de un momento y un grupo de personas que no se deben mencionar
a los centroamericanos que luchan en casa y en las fronteras,
para todos nosotros en la frontera, incluso en Chicago y Puerto Rico,
un reconocimiento a mis lectores comprometidos: John Beverley,
Alessandro Carrera,
Roberto Márquez, Ángel "Chuco" Quintero y Samuel Soler.
También a Moisés y Edwin.
Como siempre a Esther,
así como a mi hijo, a mi hermana
—y a todos sus (y nuestros) familiares.
Al grupo de lectura existencialista:
Sam Cohen, Dick Goldberg y Robert Hodies
Finalmente, a la memoria de Luis Andara, Mario Roberto Morales
y más recientamente, Roberto Cabello-Argandoña.*

Tabla de Contenido

Prólogo
El fin antes del comienzo

Carlos Barberena. Sandino sobre paisaje urbano.

Así que aquí estamos rindiendo homenaje a un amigo en común en la víspera de su jubilación. Sabía desde hace algún tiempo que ella estaría allí, esperaba que cediera y al menos me hablara un poco después de varios años de total rechazo, todo por las historias que escribí y que luego le envié.

Mi intención era compartir con ella un tributo a su familia y a nuestra relación, darle la oportunidad de sugerir cambios, mejorar las historias de algún modo u otro. Pronto me di cuenta de que fue ingenuo y estúpido de mi parte pensar que aceptaría y celebraría que las contara, que no se sentiría herida por las palabras y los recuerdos dolorosos. A pesar de no recibir respuestas de su parte, asumí que era porque estaba demasiado ocupada. Lo entendí cuando me encontré con ella en una conferencia y le sugerí que tomáramos un café juntos, ella se desvió, como el Papa que rechazó el intento de besar el anillo de Ernesto Cardenal, y me reprendió con un gesto de mano.

—Tú y yo ya tenemos nada más que decir —sentenció mientras se alejaba.

Ahora estaba profundamente herido y le envié un correo electrónico diciéndole que estaba "devastado" por su reacción, pidiéndole que me perdonara, sugerí que debíamos superarlo; sobre todo porque reconocí que es muy poco lo que de nosotros queda en el camino. ¿Cómo podría ser que luego de haber hecho tanto juntos y de lo que habíamos significado el uno para el otro viviríamos nuestros últimos años sin intercambiar palabras?

Ella nunca respondió a mi correo electrónico, ni a los que envié cuando supe que no se encontraba bien, o cuando su esposo estaba muriendo, incluso cuando tuvo que enfrentar su muerte. Jamás respondió. Lo sufrí una y otra vez, esa sensación de pérdida, el fin, ser echado a un lado, no haber sido perdonado como el hijo que finalmente perdió, como los amigos que había perdido, como la nieta con la que se había negado a entablar una relación. Una gran amargura creció en mí, pensando en todo lo que había tratado de hacer para ayudarla incluso hasta ver mi propia vida en ruinas y tener que marcharme. También recordé la cantidad de cosas que había hecho por mí, sus sutiles aunque dolorosas bondades incluso cuando cerraba una puerta tras otra. Ojalá nunca le hubiera mostrado esas historias, aunque sí, con el tiempo agregué algunos pasajes, cambié nombres y traté de borrar aquello (confieso que no todo) que la ofendería más.

Así que ahora, después de intentar comunicarme con ella, pese a los continuos fracasos, había decidido que esta conferencia sería el final de todo: o me hablaba aunque fuera mínimamente o yo publicaba mis historias y afirmaba mi proyecto, todavía en progreso, de contar la historia de mi vida a través de una serie de narrativas, pese a las consecuencias.

Por extraño que pareciera, se rio a lo largo de mi presentación humorística. Tuvo que haber despertado viejos recuerdos de algunos de nuestras mejores vivencias y momentos. No obstante, una vez terminada, ni una palabra ni un gesto. De hecho, ocupé la misma mesa que ella en dos o tres de las cenas. Sin embargo, evitó cualquier palabra. Por supuesto que no sería el primero en hablar, honraría su frialdad, aunque le daría todas las oportunidades para romper el hielo. Como no lo hizo, cuando la conferencia llegó a su fin, decidí regalarle uno de mis libros *centro americanistas* (mi último trabajo académico en un área tan crucial para nuestros años juntos) el cual contenía una nota de agradecimiento en su nombre y en el de su familia, por todo lo que me habían enseñado acerca de Centroamérica y tanto más. Se lo entregué diciendo únicamente: "Esto es para ti, deberías tenerlo", antes de salir por la puerta.

Todo llegó a su fin. La mañana siguiente fui al comedor del hotel y allí estaba ella sentada con una amiga en común. Fingí no verlas pero dejé que me vieran, dándole una última oportunidad de acercarse o hablar. Ella no hizo ningún movimiento y cuando miré hacia arriba unos minutos más tarde, se había ido.

Así que no había nada que perder, por lo que decidí con firmeza publicar las obras que tanto la habían ofendido, suavizándolas un poco, pero presentándolas como debían presentarse: como una parte más de este esfuerzo por registrar y transformar gran parte de mi experiencia de vida, cuanto pueda en el tiempo que se me conceda vivir. Y, ¡por supuesto!, me dolió muchísimo no recibir respuesta de su parte. Mas no puedo negar que también estaba complacido y aliviado después de todo este tiempo implacable que me había traído tanto dolor y lamento, que ahora editaría y publicaría estas historias que tenía que contar, independientemente de sus deseos, incluso los de nuestro hijo, quien quizás no quiera leer lo que tengo que decir. Tampoco tengo intención de decirle a ella, ni siquiera a Silvio, que he publicado el libro, ni tengo la intención de enviarles copias. No tenía nada más que perder, necesitaba publicarlos y lo he hecho. Así estaba destinado a ser y eso es todo lo que tengo que decir incluso cuando revivo todo el dolor, y no deje de sentirlo aunque amo profundamente a mi esposa actual, una relación de treinta años, de ninguna manera puedo sobreestimar todo lo que ella ha traído a mi vida.

De igual manera, antes de cerrar esta apertura, quisiera mencionar el mensaje que tenía la intención de escribir en la portada del libro académico, pero que dada la pequeña y tensa ventana de oportunidad que tuve para entregarle el libro personalmente, no tuve ni el tiempo ni la voluntad para escribir el mensaje. Simplemente garabateé la nota más breve e inarticulada que pudiera descifrar.

Adjunto transcribo la nota original como mi última palabra sobre nuestra relación y todo lo que se desarrolla en las páginas que siguen... ¡Ah, pero supongo que debería esperar hasta que estemos cerca del final de nuestra historia!

Libro uno: El chico perdido

Carlos Barberena. El niño y el nube. (retomando Amighetti)

Invocación

La pregunta central y la primera que debe formularse es cómo, después de haberlo perdido durante tanto tiempo y haber luchado tanto para recuperarlo, no pudieron retenerlo. Se podría decir, por supuesto, que en cierto sentido nunca regresó; que el pequeño y hermoso niño que se le perdió a la madre, al hermano y a otros miembros de la familia no era la misma persona que habían visitado en Nicaragua y que vino a visitarlos a Los Ángeles y Ensenada; quien viajó a Minnesota y Chicago; quien se conoció más a fondo en el primer año de la Revolución y en la Ciudad de México. No fue el mismo niño quien se reencontró con la madre y su hermano, y, quien a pesar de divorciarse de su madre, se convirtió en amigo de Mel y de su nueva familia. Fue a su boda y se quedó en su casa durante el torneo de la Copa Mundial de Fútbol de Chicago y luego para hacer su carrera, casarse y separase nuevamente de su hermano y su madre, repitiendo voluntariamente lo que había hecho su padre en un pasado al llevárselo lejos por tantos años. El niño que les fue arrebatado no fue el adolescente ni el hombre que volvió a sus vidas para más tarde marcharse definitivamente.

Parte I. El secuestro, el autostop y la visita a Nicaragua

Carlos Barberena. Madre del desaparecido.

1.

Quizás ahora en mis cincuenta debería intentar explicar lo que pasó porque sería bastante fácil para ti escuchar las versiones de mi madre y de mi hermano, pero ahora que me preguntas, creo que debería intentar dar la mía.

Permítanme decirles primero que yo era un niño feliz en Ensenada, Baja California, hijo de mi padre y de mi madre, es decir, hijo de un médico respetado y de una maestra de una secundaria reconocida. Los amaba a los dos; también amaba a Silvio, mi hermano mayor, y amaba a mi abuela, Ariana, aunque a veces sentía que mi hermano era su preferido; llegué a pensar que él no era hijo de mi padre y que de esa manera ella trataba de compensarlo, supongo. Por mi parte, nunca pensé en Silvio como un hermanastro; era mi hermano mayor, me protegía, me cuidaba, me quería tanto como podía. Mi madre también, y tal vez a mí más de lo que amaba a Silvio, quizás porque yo era el menor o venía de un matrimonio más feliz, al menos eso parecía al principio.

Mi madre era muy inteligente, tal vez sugieras que ambiciosa. Me dijo que venía de la pobreza y que nunca volvería a ella, que ser maestra en la *prepa* no era suficiente, que había ido a la Autónoma de México (la UNAM) y que quería terminar la carrera. Recuerdo que sus estudiantes la amaban, siempre estaban en la casa y que ella siempre hacía un espectáculo sobre sus dos hijos hermosos y brillantes. Recuerdo también que había una sombra sobre nosotros que provenía del tío Jorge Manuel que siempre estaba en la casa de Ariana, tal vez por su fama de revolucionario radical y, ¡sí!, tan comunista, razón por la cual mi papá a duras penas lo soportaba a pesar de que el tío le había conseguido trabajo y que, por cierto, tenían bastante en común laboralmente hablando. Fue el impulso de mi madre de abandonar nuestra vida sencilla lo que destruyó todo, y no la culpo, yo tuve el mismo impulso de dejar a mi papá, a Nicaragua y a México para convertirme en ingeniero de aviación y tener mi vida. Nunca pensé que tendría que dejar atrás a toda mi familia, sin embargo fue lo que sucedió, y aunque no entiendo completamente por qué, tienes que hacer lo debido para convertirte en lo que aspiras.

Había habido problemas entre mi madre y mi padre durante algún tiempo. Hubo momentos en que presencié acciones violentas o que se percibía la violencia en el ambiente. No me sorprendería escuchar que la golpeara o la amenazara; que tuviera una novia o dos. Aunque, por supuesto, eso no es en lo que se enfoca un niño. Todo lo que sabía era que los necesitaba a ambos y que me sentí miserable cuando rompieron.

Por supuesto, todo estalló cuando mi mamá decidió que volvería a la universidad. Tal vez si hubiera habido algún otro lugar en Baja no hubiera pasado nada. Sin embargo, nos dijo que iba a cruzar la frontera y viajar 100 millas en cada sentido para tomar clases, que ella y su madre harían todo lo posible para que hubiera alguien que velara por nosotros cuando volviéramos a casa, y que todo estaría bien. Recuerdo que hubo algunas peleas al respecto entre mis padres, que se dijeron cosas desagradables; aunque después de todo papá terminó comprándole un Mercedes para que tuviera el mejor auto y el más seguro para sus viajes. A finales de agosto comenzó a subir temprano por la costa y regresaba tarde por la noche, cansadísima, hasta para hablar o comer.

Fue un gran cambio, creo que por ser niño en ese entonces lo sentí más. Me aferré a mi abuela y a mi tía, pero mi padre se entristecía cuando llegaba a casa antes que ella. Tuvo que lidiar con Ariana y mi tía Nanda más de lo que hubiera preferido. Trataba de disimularlo, pero el cambio lo perturbó y pudimos escuchar algunas palabras fuertes provenientes de la habitación de ellos seguido por largos silencios, como nunca antes habíamos escuchado. Todo lo que recuerdo es que después de un tiempo no regresaba todos los días. Encontró un lugar para quedarse, incluso dos noches seguidas, así que subía los martes por la mañana y no regresaba hasta los jueves por la noche. En ocasiones llamaba para decir que tenía ensayos para escribir y que no volvería hasta el fin de semana.

En pocas semanas, nuestro mundo cambió y mi papá estaba cambiando con él: siempre irritado, siempre de mal humor. Las cosas empeoraron cada vez más con mi abuela ya que defendía a su hija.

Finalmente, hubo una gran pelea, mi madre alegaba que estaba cansada de todo y que se mudaría a San Diego, que si a mi papá no le gustaba podía hacer lo que quisiera. Hubo portazos y muchas amenazas. Pero luego se juntaron y él estuvo de acuerdo en que ella debía conseguir un apartamento para todos, él solicitaría una licencia para su práctica en San Diego.

Al poco tiempo terminó nuestro año escolar y Ariana nos llevó a San Diego para reunirnos con nuestra mamá y comenzar nuestra nueva vida. Poco después de eso, mi papá llegó, consiguió un trabajo en un hospital y comenzó a estudiar para tomar un examen que supongo le permitiría practicar la medicina. Era un verano caluroso y no teníamos amigos. No nos gustó el apartamento en la sección de Hillcrest de San Diego donde nos mudamos, ni los vecinos, pero teníamos bicicletas y comenzamos a explorar el vecindario e incluso a bajar al Parque Balboa montando por todas partes corriendo y dejando pasar nuestros días. Cuando llegó mediados de agosto y comenzaban las clases en la universidad, mi papá nos dijo que había reprobado el examen que tomó y que tenía que mantener su trabajo de clase baja en el hospital y estudiar para volver a tomar el examen si realmente quería ejercer la medicina en los Estados Unidos. Además de eso, estaba en peligro de perder su puesto en México. Dijo que tenían que tomar una decisión. Mi madre se mantuvo firme en que su futuro estaba en la universidad, que había sacrificado suficientes años y que no lo volvería a hacer.

La situación se tornó bastante desagradable. Ella le sugirió que si no le gustaba que podía mudarse; él comenzó a hacer las maletas. Lo presenciamos todo, asustadísimos, sabiendo lo enojado que podía ponerse.

—¡No vas a arruinar mi vida! —le reclamó.

—¡Tú tampoco vas a joder la mía! —respondió ella mientras él salía por la puerta.

Al poco tiempo, él estaba viviendo en su propio espacio y haciendo tiempo para vernos, lo cual no fue demasiado difícil porque nuestra mamá siempre estaba en la escuela y Ariana no iba a impedir que él nos viera cuando estuviera libre, sobre todo si mi madre no estaba en casa. Solo que ahora no era lo mismo porque pasaba la mitad de nuestro tiempo haciendo preguntas sobre cualquier amigo que pudiera venir a la casa, si ella iba a fiestas, si salía o si tenía largas conversaciones telefónicas. A veces se juntaban y hablaban, pero ahora no había besos ni intentos de reconciliarse. Con el tiempo él dejó de darle dinero para nosotros, así que ella tuvo que buscar un trabajo para ayudar a su familia, y eso significaba que no estaba para vigilarnos, sino que dependía de Ariana e incluso le dijo a Silvio que tenía que cuidarme.

—No dejes que Rolando te separe de tu hermano —advirtió—. Ten cuidado, se está volviendo loco, está diciendo cosas sin sentido. No sé qué sería capaz de hacer.

No sé lo que hizo, pero un día, años más tarde, ella me dijo que estaba conduciendo hacia la universidad cuando su auto comenzó a fallar y a sacudirse hasta que se detuvo en la autopista, le dijeron que había azúcar en el tanque de gasolina y estuvo varada durante horas, dijo.

Esa misma tarde, Silvio y yo regresábamos de la escuela cuando mi papá se detuvo en su auto y nos llamó:

—¡Muchachos! —llamó y comencé a correr hacia él. Silvio me siguió hasta el auto.

No estaba solo y parecía un poco nervioso; pero nos saludó a los dos con un abrazo y luego nos presentó a su amigo diciendo:

—Silvio, ¿por qué no vas con José a comer una hamburguesa? Tengo que decirle a Dino algo sobre su abuelo en Managua.

Su amigo salió del auto y estrechó la mano de Silvio, lo llevó a un lado y creo que le dijo que había un McDonald's cerca o algo así por estilo.

Silvio parecía asustado pero ¿qué podía hacer?

—¿Por qué mejor no vamos todos? —sugirió Silvio.

—¡Por supuesto! —dijo mi papá—, pero primero tengo que hablar con Dino. Luego nos encontramos con ustedes.

Silvio se dejó llevar y yo subí al auto de mi papá. Eso fue todo prácticamente.

—Mira hijo, vamos a dar una vuelta para que pueda contarte lo que dice tu abuelo —me dijo y comenzó a conducir por una calle y luego por otra, hasta que finalmente subió a la autopista.

—¿A dónde vamos? —le pregunté.

—Al otro lado de la frontera —dijo—. Tengo que recoger algo en Tijuana.

Ya sabía que algo estaba pasando. Miré hacia atrás y, efectivamente, había un par de maletas en el asiento trasero.

—¿A dónde me llevas, papi?

—Sabes, hijo, ya sabes. ¡Vamos a regresar a Nicaragua! Tu abuelo me ha escrito diciendo que quiere vernos.

Comencé a llorar y él detuvo el auto.

—¿Dónde está mi mamá? —pregunté—. ¿Y Silvio?

—Mira, hijo, tu madre no quiere venir. Quiere ir a la escuela y no puedo llevar a Silvio porque no es mi hijo. Lo amo, pero tú eres mi hijo; tú eres quien tienes que venir conmigo.

No sabía qué decir; supongo que estaba más asustado que nada. Sabía que él hablaba en serio y que nunca volvería a ver ni a mi madre ni a mi hermano. Solo lloré y lloré hasta que llegamos a la frontera; cuando me dijo que cerrara los ojos, los cerré; de pronto estábamos de regreso a México, luego en un hotel y un día después en un avión hacia la Ciudad de México; y antes de saberlo, estábamos en Managua.

2.

Allí estaba yo, un estudiante graduado trabajando como asistente de enseñanza y tratando de presentar el contraste confeccionado por mi profesor cabecero entre los valores de los nativos americanos y los pobres del sur de los blancos en la novela corta de Faulkner, "The Bear", cuando de repente, ella, una estudiante que apenas había notado, me interrumpió. para desacreditar puntos de vista que ella suponía míos.

Solo pude sentirme atraído por su voz profunda y su acento español. Empezamos a debatir el asunto y terminé accediendo a sus argumentos. Continuamos la conversación después de clase y me fui pensando en ella, con ganas de conocerla mejor, con ganas de invitarla a salir.

No recuerdo cómo conseguí su número, pero cuando terminó el trimestre, la llamé y accedió a reunirse conmigo para almorzar fuera del campus. Me pareció muy inteligente e interesante, aunque no muy coqueta ni optimista. Ella era de Nicaragua, me dijo, pero se había criado en la Ciudad de México; se había casado; tenía un hijo;

se divorció; se casó y tuvo un segundo hijo. Se mudó a Ensenada con el segundo marido; dió clases de secundaria; pero recientemente entró a la universidad en La Jolla. Una cosa llevó a la otra; hubo algunas peleas luego una ruptura. Luego llegó el día en que, al ver que nada funcionaría para retenerla, el marido se desesperó, y habiendo fracasado en todos sus esfuerzos, destruyó sus puentes en San Diego y Ensenada, secuestró a su hijo y escapó al otro lado de la frontera sobornando Dios sabe a quién o qué para que el chico pasara los controles.

Me contó todo esto apresuradamente; resumió su vida dejándome confundido y perturbado sobre dónde estaba y qué se suponía que debía hacer. Antes de que me diera cuenta estábamos planeando nuestra primera cita real: buscar un hotel en Tijuana con la esperanza de que aún no se hubieran ido a la Ciudad de México antes de ir a Managua. Estaba listo para irme, pero me llamó para cancelar porque supuso que él ya debía haberse ido, si no en avión, pues en autobús.

—Bueno, ¿quieres ir a tomar algo? —sugerí—; para que podamos hablar de todo esto.
Mas no sucedería así; en cambio, ella propuso:
—¿Por qué no voy a tu casa, hablamos y tú te aprovechas de mí?

—Bueno, eso también suena bien —dije queriendo hacerlo, por supuesto, aunque dudando un poco ya que presentía que podría estar metiéndome en algo más complejo y delicado de lo que quisiera en esta coyuntura de mi vida; podría estar iniciando algo con una mujer que necesitaba a alguien que se involucrara con ella incluso cuando ella estaba involucrada en otras cosas. No obstante, ahí estaba yo, coqueteando con una mujer que acababa de perder a su hijo y cuyo otro hijo probablemente estaba viviendo el trauma de la pérdida.

¿Quién querría desarrollar una relación con una mujer a la que se le había hecho pagar un precio tan alto por su amor por la educación y su insistencia en la libertad? ¿No era lógico pensar que se había aferrado a mí por pura desesperación? ¿No era lógico pensar que un día se despertaría y se daría cuenta de que no estaba enamorada de mí en lo absoluto? ¿No era lógico pensar que así como había estado dispuesta a arriesgar su matrimonio y su hijo por lograr sus aspiraciones profesionales, también podría estar dispuesta a arriesgarme o sacrificarme? ¿Podría ser yo un signo de libertad un día y de prisión al siguiente?

Por supuesto, se me ocurrió todo esto y estaba casi convencido de que las cosas no irían a ninguna parte, así que traté de mantener distancia de su hijo, Silvio, y aunque me había encariñado con él, prefería evitar ataduras que complicaran la ruptura. Era tan tímido y callado, y supongo que lo vi conmocionado por el hecho de que le arrebataran a su hermano de la vida y, supuse que también, por la pérdida de la ilusión de ser el hijo de su padrastro. Por supuesto, fue el hermano, Dino, únicamente y no al hermano de Dino, a quien el Dr. Vargas se llevó al otro lado de la frontera. Luego me di cuenta de que se sentía culpable por lo que había sucedido, pensando que de alguna manera, él era responsable del secuestro de su hermano.

A pesar de todo, a la larga, me involucré en una relación con ella, su hijo, su madre, su tía y el resto de la familia. Eventualmente comenzamos a vivir juntos y nos casamos en el otoño de 1970, por lo que pudimos calificar para una vivienda para estudiantes casados en el campus. Al menos eso fue lo que dijimos. Creo que tal vez estábamos enamorados de alguna manera, aunque confundidos ante tantos problemas, principalmente, por supuesto, el asunto de Dino.

Recuerdo al menos algunas de las cosas que hicimos para intentar recuperarlo antes y después de nuestro matrimonio: las consultas legales, las demandas presentadas, las visitas a las oficinas consulares de México y Nicaragua. En un momento nos enteramos por el primo de Lena que Dino estaba a salvo y en manos de la familia de Rolando, adaptándose a Nicaragua y yendo a la escuela. Sin embargo, cada vez que llamaba, alguien le decía que no estaba; pasaron varios años sin contacto directo. A través de su tío en Managua, contrató a un abogado que se reunió con la contraparte de Rolando, y finalmente ganó el derecho a visitar a su hijo en el verano de 1971, siempre y cuando hubiera supervisión y ningún esfuerzo para contrarrestar el secuestro o presentar cargos legales en su contra.

Lena y yo fuimos al centro de San Diego y compramos una camioneta Chevy verde con un área para dormir. Unos días después, los tres condujimos hasta Los Ángeles; cenamos con mis padres; nadamos esa noche, Lena, Silvio y yo, en su piscina de North Hollywood y nos relajamos por completo por primera vez en meses. Al día siguiente llevamos a Silvio por Los Ángeles y a la playa, cenamos con mi hermana y mi cuñado antes de partir a la mañana siguiente por el desierto hacia El Paso. Lena y Silvio dormían; yo miraba a mi esposa, y a través del espejo al hijo, sentía más fuerte que nunca que éramos una familia. Y lo que era más significativo, nuestro viaje fue un compromiso familiar, un esfuerzo por profundizar e incluso ampliar nuestra familia trayendo de vuelta a Dino. Por supuesto, cuando le conté a Lena cómo me había sentido mientras conducía por el desierto; su reacción fue decirme:

—Estábamos dormidos, inertes; esa es tu visión de nosotros, así es como nos quieres, no podrías soportarnos, al menos a mí, viva, a mí tal cual. Supongo que uno puede elegir verlo todo de esa manera.

En cualquier caso, realmente estábamos de camino a Nicaragua, bajando de El Paso a Chihuahua y siguiendo una ruta que conducía a la Ciudad de México, como parte del camino que nos llevaría a Managua. Después de un día de ver a un abogado en la ciudad, nos dirigimos hacia el sur, deteniéndonos solo el tiempo necesario para descansar en cada lugar sin pretender placer alguno. La determinación de Lena me dolió, especialmente porque quería mostrarle tanto a Silvio y terminé mostrándole prácticamente nada.

—Tenemos que crear algo de diversión en este viaje —insistí pero ella estaba decidida.

—Mi objetivo es llegar allí, seguir mi caso, recuperar a Dino y regresar lo antes posible. Este no es un viaje de placer.

3.

Todo lo que puedo recordar del viaje fue una parada cerca de una playa donde no nadamos, regatear con algunos vendedores de mantas en Oaxaca, una revisión exhaustiva de nuestro auto en la frontera con Guatemala y comer un plato rico de arroz con frijoles en la ciudad de Guatemala. Recuerdo que pasamos una noche con una tía o prima de mi mamá en San Salvador, que cruzamos un gran campo al que llamaban Honduras. Luego pasamos horas en la oficina fronteriza de Nicaragua en la que había una foto grande de Tacho Somoza, a quien ya había aprendido a odiar. Recuerdo que los guardias no nos quitaban los ojos de encima mientras rebuscaban todos los libros locos que mis padres habían traído para el verano. Quiero decir, sabía que estábamos allí para ver a Dino, pero eran estudiantes de posgrado y planeaban leer mucho en sus horas libres; creo que trajeron algunos libros de Marx y otros escritores con los que los guardias de inmigración no simpatizaban y que no estarían tranquilos de verlos entrar en su pacífico país. Luego recuerdo una especie de paso de montaña y un paseo hacia una ciudad que, tengo que decir, en la memoria (aunque era de noche cuando entramos) era lo más parecido a Tijuana que lo que había visto en todo el viaje. Me parece que pasamos un bar tras otro, una calle repleta de cafetines y de mujeres, algunas de las cuales no eran mujeres del todo según mi madre. Luego llegamos al centro de la ciudad, pudimos ver la catedral y algunos edificios gubernamentales. Mama sacó algunas direcciones y le indicó a Mel:

—Toma esta calle, Roosevelt, por aquí, gira a la derecha en la guarnición, luego una cuadra hasta la 'media calle de la panadería'.

Íbamos a la casa de su tía, cuya única dirección (lo juro) parecía ser "a media cuadra de la panadería en la esquina frente al cuartel general de la Guardia Nacional". Mel y yo no pudimos evitar reírnos, pero mi mamá nos detuvo en seco diciendo:

—Así es como damos instrucciones aquí.

Y, efectivamente, conoció la casa de inmediato. Salió y tocó una gran puerta doble; alguien salió, la abrazó y gritó. Luego se abrieron las puertas y Mel condujo la camioneta directamente hacia un patio que de alguna manera estaba dentro de la casa. Muy pronto, la tía de mi mamá, Lola, y sus tres hijos y tres hijas, además de un amigo y un sirviente de la casa, todos nos saludaron y nos dieron la bienvenida al lugar donde nos íbamos a quedar mientras mi mamá y yo visitábamos a mi hermano.

4.

Entonces, aquí es a donde me había llevado el haberme involucrado con Lena.

Conduje la camioneta hacia lo que era como un garaje que a su vez era parte de la casa, y salí para conocer a ese grupo de personas que nunca había visto antes. Milana, que nos había visitado una vez en

La Jolla, no estaba allí esa noche pero estaban las dos hijas menores: Lucía, bonita, aunque quizás demasiado pálida, con la piel de ratón como me había imaginado la Ofelia de Hamlet; y Celia, la más joven, morena y hermosa como una linda canción. Luego los tres hijos: Martín, un revolucionario anti somocista descarado (me dijeron); Rudolfo, totalmente fiel al hermano que me dijeron que llamara Dolfi; y Manolo, el menor, un niño muy loco que, como sus hermanas, no tenía absolutamente ningún interés en la política como los otros varones. Finalmente conocí a la tía de Lena, Lula, quien abrazó a su sobrina y la recibió a su manera discreta y quien nos presentó a todos, entre ellos, a Virginia, una mujer de aspecto asiático que aparentemente ayudó a Lula a coser, a planchar y, sí, a mantener la comida en la mesa.

Así que aquí estábamos. Esta era la casa y estas eran las personas con las que tendría que tratar de vivir: manejando hombres o armas o quién sabe qué de un extremo de la ciudad a otro, aprendiendo a cantar los boleros de Eydie Gorme y Los Panchos con las chicas y a jugar a las cartas con los chicos. Todo esto y más, mientras el verano de Managua ardía fuerte, y mientras Lena y, a veces, Silvio, se iban a ver al hijo y al hermano que habían perdido.

5.

Todo era extraño y tenso para mí, a veces tenía ataques de pánico y no sabía qué hacer. Todas mis esperanzas de jugar con mis amigos y viajes a la playa se quebrantaron porque tenía que estar listo para las visitas del mediodía de mi madre. Realmente no pudimos ir a ninguna parte. Me traía refrescos y bocadillos, a veces una bebida de pitahaya que me encantaba o una quesadilla de la calle, mas no podía llevarme a ningún lado, ni siquiera dar una vuelta a la manzana, no podíamos salir del porche. En ocasiones, simplemente nos quedábamos sentados sin saber qué decir, y sé que ella se esforzaba y lograba decir algo. Pero, ¿qué le dices a un niño al que no has visto en más de dos años, que ha estado viviendo una vida diferente que realmente no conoces y que ha escuchado Dios sabe qué de ti? A veces el tiempo era bueno porque mi madre era muy inteligente y sabía cómo envolverme en juegos de palabras y acertijos. Aunque la miraba y me preguntaba por qué se había vuelto contra mi papá, por qué estuvo dispuesta a dejarme ir, por qué no me buscó cuando mi papá dijo que la llamó y le pidió que se reuniera con él en Tijuana. Mi papá y mi tía me decían que ella era comunista, que odiaba al gobierno de Nicaragua y que ella, su tío y hasta mi abuela eran sandinistas. Y ahora decían que me entregó para estar con un hombre que me dijeron que estaba con ella en Managua. Supongo que no entendí nada de esto. Todo lo que sabía es que ella no parecía intentar hacer nada para recuperarme, llamarme ni nada. Ella me dijo que lo intentó y que no se lo permitieron, pero yo no sabía qué creer, aunque tenía claro quién me ofrecía la cama y el pan. Quería hablar con Silvio, pero no me dejaron verlo a solas. Jugábamos juntos, bromeábamos juntos, pero en realidad no podíamos hablar.

Entonces llegó el día en el porche que me preguntó si quería volver a los Estados Unidos con ella mientras yo me preguntaba por qué, si ella me quería, no encontró la manera de hacerlo antes. Por supuesto, debo admitir que ahora recuerdo una vez cuando Silvio y yo estábamos hablando y bromeando, que mi papá parecía enloquecer, nos advirtió que no estuviéramos tramando nada e incluso nos apuntó con un arma.

6.

A medida que avanzaba el verano, fui involucrándome con todos en la familia; jugando a las cartas con Leonardo y Dolfi; jugando pelota con Silvio, usábamos un par de calcetines en un patio adyacente a la casa hasta que el sol lo hacía imposible. Todos los días, Lena y Silvio se iban a casa de Dino y regresaban sin decir una palabra apenas, normalmente se iba a la cama con dolor de cabeza o un ataque de nervios. Silvio se iba a jugar conmigo, sin comentar lo que pasaba en sus visitas.

En medio de sus problemas y dolores, nos dijo que la situación con Dino estaba llegando a un punto crítico y que a la semana siguiente iría a la casa de los Vargas con un policía y una orden judicial exigiendo la liberación del niño y la custodia de su madre. De igual manera, expresó no estar muy optimista con el posible resultado. El punto era que su hijo se diera cuenta de que ella lo había intentado todo, que siempre lo tuviera en su memoria. Pero claramente, si fracasaba, sería imposible para ella seguir visitándolo y sería el momento de considerar irse de Nicaragua.

Al día siguiente llegó a la casa con el rostro sombrío, casi llorando.

—Fui a la casa con el policía. Él tocó el timbre. La criada llegó a la puerta y dijo que el médico y su hijo no estaban en casa y que no tenía idea de cuándo regresarían. Estaba claro que estaban allí, podía oírlos. Pero el policía dijo:

—Oh, bueno, hice lo que pude. En estos asuntos familiares, se supone que no debemos hacer un escándalo. Es obvio que lo compraron y que el médico está bajo protección.

—¿Qué se puede hacer? —pregunté.

—Nada. Así funciona el somocismo. Puede ganar todos los casos, pero no le otorga ningún derecho. ... Es hora de que nos preparemos para irnos.

Parte II. Los años intermedios y la visita de Dino

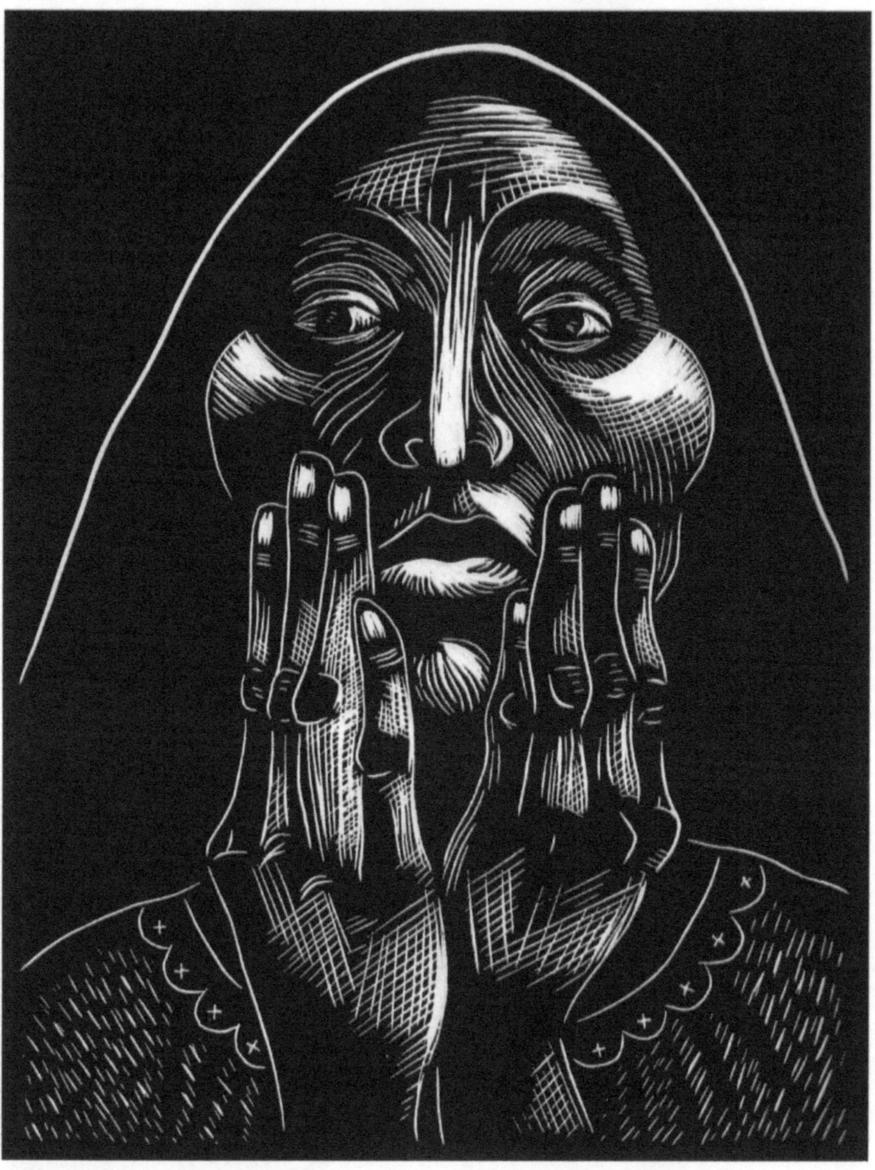

Carlos Barberena. Angustia. 2009.

1.

Justo cuando el semestre de otoño estaba llegando a su fin y la Navidad casi se acercaba, nos enteramos del terremoto masivo en Nicaragua. Ariana llegó desde Ensenada y corrimos hasta Echo Park, donde ayudamos a clasificar la ropa y la comida para enviar a Nicaragua, mientras Lena se preparaba para tomar el avión hacia allá para ver cómo y dónde estaba Dino. Mientras tanto, nos enteramos de que Roberto Clemente había muerto en el despegue de un avión que había contratado para ayudarlo a entregar ayuda al país. Lena intentaba comunicarse con Dino día tras día y nada funcionaba, su ansiedad crecía por él, por Lola y la familia. Se fue, mientras nosotros regresamos al sur esperando noticias de ella y de su regreso. Mientras tanto, el padre de Mel tuvo un ataque renal y luego un ataque cardíaco que lo envió corriendo de regreso a Los Ángeles para visitarlo en el hospital. Lo siguiente que supe fue que estábamos en un autobús con Ariana, de camino a la Ciudad de México para esperar a Lena que regresaba de Nicaragua. ...

2.

Era Navidad y la ciudad estaba iluminada cuando golpeó. Parecía que todo se derrumbaba a nuestro alrededor. Papá estaba en el hospital y yo estaba en la casa con su nueva novia, que se volvió loca tratando de comunicarse con su madre cuando los teléfonos se cortaron. Oímos roturas de ventanas y crujidos de calles. Y luego vino un temblor y luego otro. Me pregunté si estaría bien en el hospital y qué pasaría con mi escuela y mis amigos. Pensé también en mi madre y si los volvería a ver, a ella y a mi hermano. Luego las cosas se calmaron y pasaron unos días, y de pronto ahí estaba, mi madre en la puerta, deseando hablar conmigo y que me dejaran verla, quedarse hasta que tuviera que volver a la Ciudad de México para encontrarse con Ariana y Silvio y regresar a San Diego para las clases de invierno. Supongo que ahora sabía que no importaba quién era ella o con quién se acostaba, se preocupaba por mí después de todo.

3.

Pasaron algunos años. Ocurrió el secuestro de Chema Castillo por Eduardo Contreras; la muerte de Carlos Fonseca y Contreras, e incluso el levantamiento de Solentiname en 1977. Para ese entonces, nuestro matrimonio se salió de control y nos separamos por algunos meses, hasta que inesperadamente, Lena me llamó desde Caracas. Opté por dejar mi trabajo y viajé para estar con ella, intentamos mejorar nuestra relación.

Pronto fue diciembre de 1977, fuimos a encontrarnos con Ariana y con Silvio, quien voló desde Minnesota para pasar una Navidad especial en Ensenada. Apenas llegamos, Ariana nos dijo que había recibido una llamada de Nicaragua para informar que Dino vendría de visita. Los dos estábamos en estado de shock: ¿regresaría para vivir acá o Rolando se sentía tan seguro que podía permitir esta visita? Así que nos dirigíamos a San Diego junto a Lena y a Silvio, recogeríamos a Dino en el aeropuerto, para luego hacer un viaje divertido, pasar un día en Disneyland con ambos hijos enloquecidos, y luego una escala en el Valle de San Fernando para darle a mi madre, ahora viuda, la oportunidad de verlos. Estaba encantada al verlos deleitar su pechuga de ternera y la pasta de mariposa, el kasha varnishka, que sirvió. Luego volvimos a Ensenada para prepararnos para la víspera de Navidad, ¡Dino y Silvio tan contentos de estar juntos!, Lena y yo más felices de lo que habíamos estado en años. Fui a una conferencia y a una beca en Chicago por un mes, mientras madre e hijos volaban a Minnesota. Pronto Lena vino a Chicago con Dino y Silvio. Yo tenía un auto así que paseamos por la ciudad para mostrarle a Dino algunos lugares antes de su regreso a Nicaragua. Todos nos llevábamos muy bien, pensé. Lena parecía tener la esperanza de poder recuperar a su hijo. Incluso yo comencé a pensar que, después de nuestra cercana ruptura, estábamos empezando a unirnos, ahora como una familia de cuatro, aunque por algún motivo no estaba tan seguro. De alguna manera pensé que no sería tan fácil.

4.

Por supuesto, fue genial viajar por la costa oeste y el Medio Oeste; lo pasé muy bien. No había sido fácil conseguir que mi padre aceptara el viaje, pero seguí presionándolo y haciéndolo sentir culpable. Me había alejado de mi madre, mi hermano y mi familia, y ahora tenía que tener suficiente fe en que regresaría para arriesgarse a dejarme ir. Tenía una visa de turista y eso podría haberme ayudado. También supo que yo era feliz en mi escuela, en mi país, con todos mis amigos alistados para vivir nuestra vida adolescente de secundaria al máximo. De ninguna manera no iba a regresar, a pesar de que también había algunos políticos locos dispuestos a estropearlo todo. La mayoría de nosotros queríamos ir a fiestas, jugar fútbol, perseguir chicas y vivir una vida estadounidense al estilo nicaragüense. Lo viví al máximo, con muchas novias y muchos viajes en mi pequeña moto, aunque las cosas se estaban poniendo bastante peligrosas en el país. Los sandinistas estaban en movimiento, incluso algunos de mis amigos se estaban uniendo o apoyando lo que estaba pasando. Yo no. No quería que nadie arruinara mi adolescencia ni que me mataran en un tiroteo callejero con la Guardia Nacional. Muy pronto, marcharon hacia Managua, enviando a Tacho y compañía al exilio. La gente de mi edad vagaba por las calles, orgullosos, como héroes de la guerra, arrojando su peso y sus armas, y haciendo que mis amigos y yo nos sintiéramos enemigos del nuevo mundo que estaban creando. Para mí fue principalmente una locura. Empecé a pensar que era momento de llamar a mi mamá para que me sacara antes de que la casa de mi padre fuera confiscada y me persiguieran por enemigo, ¡maldita sea! Ella, Silvio, mi abuela y hasta Mel se presentaron —tal como mi papá había dicho que lo harían— como amigos y partidarios de la Revolución.

Ella y Mel consiguieron trabajo en el nuevo gobierno, incluso se hicieron cargo de una casa confiscada y de los sirvientes; supongo que era su deber revolucionario mantener al personal empleado. Antes de lo previsto, empecé a venir en moto y me iba con Silvio y, a veces, con toda la familia, a ver una película o comer. Todo parecía algo superficial, sin embargo, disfruté verlos, incluso llegó a agradarme su esposo, Mel, quien me trataba como a un hijo perdido hace mucho tiempo, que en lo era de alguna manera, aunque no de él. Una cosa que no quería hacer era hablar de política, aunque no podían entender que un adolescente fuera apolítico en Managua 1979-80. Era como ser un leproso, un parásito, un criminal. Era una verdadera lata con todos estos niños ignorantes y moralistas corriendo de un lado a otro como si fueran los papás de Tarzán. Ahora era peor, ya que Daniel y Humberto Ortega sacaban a la clase media y cada vez llegaban más cubanos para ayudarnos a hacer de Nicaragua un paraíso soviético como el de ellos.

Parte III. La revolución y el adiós

Carlos Barberena. ¿Compa o contra?

1.

Sé que quieren que hable sobre la Revolución y todo lo que vivimos en ese año tan especial. Supongo que tengo mucho que decir sobre eso, de mi colapso y el de mi matrimonio. He escrito sobre todo esto con bastante extensión *en Managua Mon Amour (Never More);* probablemente fue el punto de inflexión en mi vida. No obstante, este no es el lugar para entrar en todo eso. Aquí estoy tratando de mantener el rumbo y concentrarme solo en contar lo que hice y sabía sobre la historia que traigo entre manos y no mucho más. Sé que darle un poco de espacio a nuestro tiempo en Nicaragua y la Revolución hará que esta parte sea más grande de lo que he querido mantener como un libro pequeño y, a pesar de todos mis esfuerzos, podría tomar algo más para enriquecer la historia central que quiero contar. Da igual, aquí va. ...

2.

Ahora, tantos años después, que pienso en los meses siguientes, me sigue sorprendiendo lo poco que puedo recordar. Aun así, sé que hubo días y semanas que no podría explicar; días y semanas en los que mi participación en la revolución resultó ser bastante intensa; otros días y semanas en los que mi interés o actividad decayó, cuando encontré el proceso poco inspirador e incluso antiético a mis instintos y esperanzas más progresistas. Con el tiempo, una depresión persistente comenzó a apoderarse de mí, empujándome hacia abajo y hundiéndome en el estado de crisis más profundo de los muchos que había experimentado a lo largo de mi vida. ¿No borró la creciente crisis mi recuerdo de muchas de las cosas buenas que sucedieron? Probablemente. ¿La crisis me impidió vivir de mejor manera estos meses de fermento y revolución? Eso también. Así como todo lo que sucedió, todo lo que experimentamos de la revolución tendió a borrar nuestra comprensión de que esta crisis emocional y marital estaba ocurriendo, incluso cuando todo lo que sucedió y no sucedió en la arena política alimentó y profundizó esa crisis, hasta que yo, nosotros y tantos otros estuvimos perdidos.

Estábamos tan atrapados en el derrame de la casualidad. Había tantas cosas que hacer, problemas con los que lidiar cada día, que uno descuidaba los sentimientos y temores más profundos que se encontraba. Demasiado pronto, tal vez no lo suficientemente pronto, todo había terminado.

3.

Cuando llegamos a Managua, dejamos a Silvio y a Ariana con su hermano. Felipe y nuestro hijo parecían lo suficientemente felices como para quedarse con su abuela mientras Lena y yo nos quedamos en Bela's, esperando a ver qué pasaba, viendo el noticiero de la noche, la Serie Mundial. Todo parecía estar cambiando, pero a diferentes ritmos y de diferentes formas. La señal más clara era la de todos los jóvenes que aún deambulaban por las calles de la ciudad con boinas y uniformes sandinistas y con rifles de alto poder que parecían una amenaza constante. Por la noche podíamos escuchar el disparo de las armas y, a veces, estaban tan cerca que decidíamos meternos debajo de la cama.

—Una cosa es morir luchando por la revolución —comenté—. Otra es ser alcanzado por un rifle que lanza balas o una bala perdida disparada al aire.

La mayoría de las veces no teníamos forma de saber de dónde provenían los disparos, pero gradualmente la mayoría aparentemente aleatorios se atribuyeron a los "Contras", que llevaron a cabo acciones en pequeños grupos, a veces chocando con sandinistas en las calles o vandalizando casas confiscadas. Lo más que vimos al principio como forasteros fueron cambios en la vida familiar, y las tensiones anteriores ahora se estaban convirtiendo en puntos de ataque enconados entre los partidarios sandinistas y los detractores.

"Ya están arruinando el país", decían los opositores. "Mira lo que están haciendo con esto y aquello..."

Caminamos por las calles tratando de ajustar nuestra mirada a la nueva realidad, viendo el nuevo daño de la guerra superpuesto al daño del terremoto; podíamos ver a los pobres apiñados en lo que antes era la Avenida Roosevelt y ahora era la Avenida Sandino, gente cocinando con leña o carbón, el olor a veces pútrido de carne demasiado vieja y grasa envejecida, las tortillas quemadas de esperanzas convertidas en cenizas…

Verdaderamente la ciudad resultó un desastre, pero no estaba claro cuánto era resultado de la guerra o cuánto había sido producto del terremoto del 72. Por supuesto, las losas de adoquines o bloques de hormigón en gran parte de la ciudad se produjeron después del terremoto cuando los Somoza hicieron una fortuna reemplazando las calles de alquitrán más antiguas con losas entrelazadas con incrustaciones que los muchachos usaban para construir barricadas. Ahora las barricadas bajaban y los bloques volvían a colocarse; había partidos de bloque y los grupos de defensa de bloque comenzaron a formarse como un medio de vigilia para la revolución. Aún los jóvenes llevaban sus armas a todas partes, dejándolas a un lado para hacer el amor o hacer sus necesidades. Hicimos todos nuestros deberes y quehaceres familiares, saludando a todos mientras buscábamos nuestro trabajo y un lugar para vivir. A veces, las cosas simplemente parecían difíciles; otras veces, se sentían imposibles. Mientras tanto, comenzamos a unirnos a marchas a favor o en contra de una cosa u otra. Aprendimos las consignas y las canciones, disfrutamos de la participación y la interacción con la gente más pobre de Managua. Por lo general, los manifestantes repicaban los nombres de los revolucionarios caídos. Augusto César Sandino — ¡Presente! … Carlos Fonseca — ¡Presente! … Ricardo Morales — ¡Presente! Marchamos y marchamos marcha tras marcha, participamos en fiestas de cuadra o kermesses, pero a veces nos sentimos huérfanos en la ciudad, desconectados pero por nuestras visitas para ver a Silvio y Ariana en la casa de Felipe.

Realmente no podíamos elegir un lugar para vivir hasta que supiéramos dónde íbamos a trabajar. Así que eso fue lo más crucial y en lo que tuvimos que enfocarnos, fue Lena quien tomó la decisión.

—Tenemos que ir al Ministerio de Cultura y presentarnos —dijo.

Así que nos fuimos, nos reunimos con Ernesto Cardenal y él nos dio trabajo en el programa de literatura del Ministerio, con un salario razonable y una casa lujosa para arrancar.

4.

—Esta es una revolución de los jóvenes y no es fácil ser mayor en este clima —advirtió Cardenal—. Pero creemos que puedes lidiar con eso y que hay muchas cosas en las que puedes ayudarnos. Solo podemos pagar a cada uno de ustedes lo máximo que pagamos aquí. No es mucho. Pero sí podemos conseguirle un buen lugar para vivir; hay una casa que está disponible en Villa Fontana, o Villa Panamá, como la llamamos ahora, y puede tenerla como un complemento a su salario, pero con una estipulación.

—¿A qué se refiere?

—Tienes que mantener el lugar y mantener a los sirvientes.

—Pero nunca he tenido sirvientes —objeté—. Y esto es una revolución.

—Esta es una revolución con mucha gente pobre que necesita mantener sus trabajos hasta que podamos crear una nueva estructura social con buenos trabajos para todos. Mientras tanto, no podemos despedir a todos en nombre de la democracia. Todo va a cambiar. Pero no de un día para otro —dijo el poeta.

Y ahí estaba: una especie de pacto con el diablo. Habíamos pensado que viviríamos en una tienda de campaña o una choza, sin embargo ahora ocuparíamos y mantendríamos la antigua estructura de clases / castas / razas del país en una casa suburbana confiscada al estilo de Los Ángeles en una de las áreas más lujosas de Managua, y efectivamente, era mejor que cualquier lugar en el que hubiera vivido: uno moderno, construido en ladrillo, con aire acondicionado, un cuarto de servicio, un área de juegos y mucho más, todo demasiado bueno para ser verdad.

5.

Villa Fontana, ahora Villa Panamá, fue una de las lujosas comunidades cerradas establecidas para la emergente alta burguesía de la ciudad. Todo el mundo parecía tener dos o tres coches y aproximadamente el mismo número de sirvientes: un cocinero, un ama de llaves y uno o más ayudantes. Nos reunimos con el personal y les aseguramos que podrían mantener sus trabajos. Empezamos a utilizar nuestros ahorros para comprar muebles. Muy pronto tuvimos las cosas básicas que necesitábamos para mudarnos y nos trajeron nuestras cosas. Ariana y Silvio se prepararon para mudarse con nosotros. Pero antes de que pudiera hacer la transición, Ariana recibió una llamada de su hermana diciéndole que tenía que ir a Los Ángeles para ayudar a Raimundo y que necesitaba que Ariana volviera a casa para cuidar de su madre. Así que terminamos tomando un taxi con ella hasta el aeropuerto, escuchando todo el camino al taxista quejarse de cómo iban las cosas, la falta de buenos trabajos, el vuelo de tanta gente con conocimientos técnicos y cosas por el estilo.

Ariana pareció estar de acuerdo con lo que dijo, pero al salir del taxi dijo:

—Compañero, tenga un poco de fe. Roma no se construyó en un día.

—Sí —dijo el conductor —, pero esto es Nicaragua. Y veo que te vas cuando todo el país comienza a arder.

Nos despedimos tristes, dándonos cuenta de que apenas habíamos compartido con Ariana en todos estos primeros días. Luego regresamos para recoger a Silvio y encontramos la casa de Felipe allanada por la policía sandinista por todas partes, hasta una camioneta de las noticias locales estacionada fuera de la casa. Entramos y encontramos a Silvio y a Felipe siendo entrevistados por la policía.

—¿Qué sucede? —cuestionó Lena—; ¿por qué estás hablando con mi hijo?

—Es un testigo clave —dijo el policía.

—¿Testigo de qué? —pregunté.

Pero antes de que el funcionario pudiera dar explicaciones, Felipe, que parecía bastante borracho, soltó su propio informe.

—Unos ladrones hijo de puta entraron a la casa, se hacen llamar Contras y apuntaron con una pistola, ¡una pistola!, a la cabeza de Silvio, amenazando con disparar a menos que les diéramos todo lo que querían.

—Le dije al tío que se calmara — dijo Silvio—, pero él estaba maldiciendo, haciéndoles pasar un mal rato. Tío, cálmate. Tío, dales lo que quieran —le supliqué pero siguió maldiciéndolos hasta que entró Paya y les dio todo lo que había encontrado en la billetera de Tío.

—Paya puta, ¡ella les dio todo! —Felipe protestó indignado por las libertades de la criada con su dinero.

—Menos mal que lo hizo —dijo Lena —, o podrías estar de luto por la muerte de un sobrino por no querer pagar.

—Pero no está bien —dijo—. El tipo apuntando con un arma a la cabeza de mi sobrino, y Paya tomando mi billetera.

—No te preocupes, tío, todo está bien. Le devolveremos el dinero.

—No es el dinero —protestó de nuevo, claramente todavía en sus tazas —. ¡Es Nicaragua! —y se puso a llorar —. Es lo que está pasando aquí.

Sus sollozos crecieron y crecieron, y fue Silvio, todavía recuperándose de su conmoción, quien se acercó a él, tratando de consolarlo.

—No te preocupes, tío —dijo —. Lo hiciste bien, les pagaste a estos tipos y se fueron.

—Gracias hijo, lo siento si no actué antes, pero sabes que he estado bebiendo demasiado.

—Bueno, está bien lo que termina bien —dijo Lena en inglés citando a su autor favorito en esa lengua bárbara—. Tío, pídale a Paya que le dé un té y agradézcale por salvarle la vida.

Finalmente, busqué las cosas de Silvio, ya empacadas, y lo sacamos de la casa, entre la policía, los fotógrafos y vecinos, todos tratando de hablar con él; pero lo llevamos rápidamente (un niño casi perdido, pero ahora recuperado) hasta que encontramos un taxi y lo llevamos a casa.

6.

Silvio vino feliz a vivir con nosotros en Villa Fontana, y pronto se juntó con su hermano, que aparecía cada pocos días en su motocicleta, a veces cenábamos juntos antes de que se fueran a una fiesta u otra. Mientras tanto, Silvio, ahora un hijo típico de los señores y amos de la mansión, tuvo el primer romance extenso de su vida con la hija de la criada, Chencha, quien acudía a su habitación todas las noches para alentar su solitaria vida de sirvienta con algo de cariño.

Y así como tener una aventura parecía algo natural para nuestro joven señor, fue tan fácil y agradable para nosotros quedar atrapados en el sueño, arrastrados por sentirnos tan cerca del latido del corazón de la revolución. Recuerdo haber comprado un par de guayaberas porque tenía que lucir más presentable en una u otra recepción, recital o presentación. Fue agradable reunirse con una figura tan fina como el nuevo presidente granadino, Morris Bishop, y charlar con el nuevo ministro de Cultura y Deportes de esa nación. También estuvo bien presenciar la visita de Sergio Ramírez o Daniel. Siempre fue genial compartir una palabra con Tomás Borge, a quien le encantaba venir a la cafetería del ministerio y socializar de manera tan democrática con las trabajadoras de alimentos, hablando con nosotros sobre la revolución, mientras las mujeres le servían un plato digno de un rey nica, y bailaba con algunas. A veces estaba bien beber el mismo día el vino de primera calidad y la flor de caña, comer platos locales en sus formas más finas y gourmet en un evento y en otro y en otro. Fue interesante entrevistar a Roberto Fernández Retamar, Julio Cortázar y similares, estuvo bien ser parte de todo. Vivir una revolución puede ser algo maravilloso, como surfear en la punta de una hermosa ola de alto vuelo. Pero, por supuesto, ¿no siempre hay una secuela; no suele romper otra ola hacia abajo que se lleva con ella otra gente y se ahoga?

7.

A fines de noviembre, estaba claro que realmente había poco que hacer en el Ministerio, y presentamos propuestas de proyectos de investigación que nos permitirían trabajar en casa, asistir menos al ministerio y estar de guardia mientras trabajábamos. En cuanto a Silvio, era evidente que lo estaba pasando muy bien, haciendo amigos, reconectando con su hermano y yendo a fiestas con niños de su edad, viviendo la vida de un adolescente nica privilegiado y prerrevolucionario. Estaba feliz con su romance con Chencha y de estar en Nicaragua. Recuerdo jugar a la pelota con Silvio en el patio lateral al lado de la cocina y la sala de estar. Recuerdo que Dino también venía a jugar, antes de que él y Silvio se fueran a alguna fiesta u otro evento. Incluso recuerdo los días en que Dino nos llevaba al cine, primero sacaba a

Silvio a la carretera principal, volvía para recoger y llevar a Lena y luego venía por mí repitiendo los movimientos desde la calle principal hasta el teatro hasta que estuviéramos todos. No es que no hubiéramos tenido algunos momentos felices y cotidianos anteriormente, pero podía percibir que para Silvio toda esta experiencia era una especie de paréntesis en su vida. Cuando llegamos a mediados de febrero, tuve una de esas conversaciones especiales entre padre e hijo con él, y resultó ser mucho más breve de lo que había imaginado.

—Silvio —le dije—, los jóvenes de tu edad se están preparando para la campaña de alfabetización; van a salir al campo a enseñar a los campesinos y, por supuesto, también aprenderán de los campesinos. ... ¿No te gustaría entrar en eso?

—Sí, Mel —respondió—, suena genial. Pero las clases de ingeniería del trimestre de primavera comenzarán en la U. el próximo mes, ¿no crees que es hora de que regrese y me prepare para mis clases?

¿Qué podía decir? Tan joven como era y estaba lo suficientemente concentrado en sus metas de vida que podía tomar decisiones basadas en prioridades claras y racionales; tal vez era más tico que nica en ese sentido, reflexioné, pero ciertamente era más pragmático que su padre vacilante. Estaba claro que no pensaba mucho en la Revolución y pensaba que sus padres eran bastante pintorescos e ingenuos. Efectivamente, a finales de febrero, se puso en contacto con sus amigos de Minnesota y consiguió un lugar para vivir, tuvo una gran ronda de fiestas y probablemente una conmovedora despedida de Chencha; y luego, cuando se acercó el día y la hora de su partida, lo llevamos al aeropuerto y lo vimos partir hacia Minnesota.

8.

Supongo que debo admitir que el regreso de Silvio a Minnesota comenzó a tener un efecto negativo en mí. Si no íbamos a continuar con el proceso, si Lena iba a tener que volver para ganar su permanencia como profesora y luego poder ir y venir con mayor fluidez, ¿qué diablos me iba a pasar? Ahora a mis cuarenta y dos años, ¿no tenía que preocuparme por mi futuro laboral, aunque pareciera no haber tenido una carrera antes.

Vivir la vida revolucionaria estaba bien si uno tenía la sensación de un futuro positivo y si tenía algunos problemas básicos resueltos. Las cosas empezaron a complicarse una por una a medida que llegaba la primavera y el calor de la ciudad subía a su pico anual. Primero, participamos en una marcha tras otra en febrero e incluso una el 1 de marzo para la campaña de alfabetización; pero gradualmente, mientras seguíamos participando en estas marchas, vi que a medida que Lena desarrollaba su proyecto de historia literaria, estaba menos inclinada a unirse o quedarse mucho tiempo cuando lo hacía. Le pregunté sobre esto y me dijo:

—Supongo que estoy cansada de ir a todas. Debo ser más selectiva. Considero mi trabajo intelectual como la mejor forma de contribuir.

Cuando le pregunté qué pensaba de su creciente elitismo, ella respondió:

—Sí, veo que somos diferentes; tú quieres marchar con la revolución y yo quiero ser una líder en la marcha.

De alguna manera, sus palabras se sintieron como un pequeño golpe que dolió un poco al principio y condujo a una herida más pequeña que comenzó a profundizarse.

—Esto siempre sucede en todas las revoluciones que conozco. Pero creo que hay algo más personal en el trabajo aquí, que no puedes soportar ser un hombre que vive a través de las prioridades de su esposa, lo mismo que destruyó nuestra relación hace dos años.

—Tienes razón en eso, sí. Y temo que volvamos a eso, con la esperanza revolucionaria en decadencia, y tener que enfrentar el mundo laboral al que me enfrentaba antes, pero ahora habiendo dejado dos trabajos y no muchos lugares a los que acudir.

—Bueno, me parece que ese es el verdadero problema y, sin embargo, no hay nada que pueda hacer al respecto sin negarme a mí misma, simplemente no puedo hacer eso. Así que me parece que es justo donde estábamos antes: o te acostumbras y lo aceptas, o no tenemos ninguna posibilidad.

Lo dijo tan clara, tan determinada, sentí por dentro que iba por un viejo camino hacia ninguna parte, tal vez más hacia abajo que cualquier otro lugar antes.

Para empeorar las cosas, me dijo que la habían invitado a una prestigiosa conferencia en Washington donde compartiría con autores claves de los estudios literarios latinoamericanos y donde esperaba sobresalir.

—Me iré una semana —dijo—. Así que piensa en esto, averigua dónde estás y qué quieres. Pero te advierto algo, no pienso retroceder. Tengo que pensar en irme antes de mayo para poder hacer todo lo necesario para prepararme para mi caso de permanencia. Y tenemos que pensar en nuestro posible futuro aquí y en Minnesota.

9.

No tardó en preparar su bolso y marcharse, y me hundí más y más en mi depresión. Pasé horas mirando el techo de nuestra habitación, la pared de mi estudio. Me di cuenta de que las cosas tenían que ser como eran porque había cruzado a un mundo que no era mío y sin los recursos para las circunstancias que había encontrado.

Me estaba hartando de las pretensiones y abusos de la revolución, harto de tener que afrontar la búsqueda de otro trabajo en las Ciudades Gemelas, y harto, más de lo pensaba de los problemas de mi matrimonio. No tenía idea de lo funestas que eran las cosas hasta que el agujero dentro de mí comenzó a supurar.

Un día, deambulé por la casa dando vueltas y finalmente me fui, saliendo de Villa Panamá hacia la carretera principal, con el calor golpeándome, literalmente me desmayé. Cuando desperté, tuve una visión en la que el rostro de Lena que tanto había amado se fusionó con el de Rosario Murillo, mientras yo parecía un pobre campesino nicaragüense. O tal vez ella era el FSLN y yo el socialdemócrata menguante, o algo peor. De alguna manera las imágenes de Silvio y Dino comenzaron a aparecer, solo para desvanecerse, primero Silvio y luego el chico perdido, Dino. Y con los dos, yo.

10.

Lena regresó de Washington ruborizada por su éxito. Luego, a mediados de abril, vimos como Alfonso Robelo y Violeta Chamorro dejaron la Junta de cinco personas, que luego se volvió estrictamente sandinista con Daniel y Humberto a la cabeza. La Unión Soviética había establecido su embajada en Nicaragua mientras que Reagan trabajaba para apoyar a la oposición legal y al movimiento Contra, apenas encubierto. Quizás algunos dirán que saltamos del barco como Robelo y Chamorro, pero independientemente de cómo se pudiera ver nuestra inminente partida, habíamos avisado con la debida antelación y habíamos terminado nuestros informes de proyecto. Los profesores de la UNAN y luego varios de nuestros amigos dentro y fuera del Ministerio celebraron fiestas de despedida para nosotros. Me reuní con Doña Elbia y me dijo que ella y sus compañeros profesores estarían felices de considerar mi incorporación a la facultad el próximo año.

Supongo que me sentí aliviado de salir de Nicaragua, ya que sentía que el FSLN comenzaba a silenciar toda oposición y sovietizar la Revolución, que Rosario Murillo comenzaba a marginar al Ministerio, que nos sentíamos presionados en nuestro espacio de trabajo y hasta en la zona donde vivíamos atrapados entre nuestros vecinos acomodados y el aparato sandinista. Sentí el peso de la Revolución como sentí que incluso en esos primeros meses se convertía en algo marcado por un proceso de endurecimiento, o tal vez un proceso que se estaba convirtiendo en otra cosa.

Varios de los revolucionarios provenían de orígenes de élite de segundo nivel, y sus actitudes condescendientes, comunes entre las orientaciones ladinas liberales y conservadoras, fueron especialmente dominantes entre el sector tercerista que llegó a dominar la revolución, con Daniel Ortega en el asiento del conductor, con su esposa Rosario Murillo, poeta y activista, buscando socavar el proyecto de Cardenal, y con su hermano Humberto encargado del aparato militar sandinista que protegería a su hermano y esposa, tal como la Guardia Nacional había protegido a los Somoza. El núcleo tercerista empezó a desprender sus cuadros secundarios; los proletarios se quedaron con la tarea de intentar organizar a los campesinos recalcitrantes; y el GPP y sus seguidores, entre ellos Jorge Manuel y tal vez nosotros, parecían perdidos, con Bayardo Arce siempre en la sombra, y nuestro principal representante, Tomás Borge, una figura moralmente cuestionable y en última instancia ineficaz, por muy elocuente que fuera su charla. Lo que era el proceso parecía desviarse, especialmente a medida que se desarrollaba la intervención de EE. UU.

A pesar de todo, una parte de mí no quería irse, y creo que tal vez no me hubiera ido si Lena hubiera decidido quedarse. De igual manera no puedo decir que hubiera sido feliz de quedarme y aún habría tenido mis dudas sobre hacerlo, dada mi avanzada edad y mis miedos sobre el futuro. Ciertamente no me hubiera quedado si Lena volvía.

Independientemente de lo que pudiera decidir más adelante sobre regresar, claramente era mejor tener algo de distancia ahora, tener alguna perspectiva, evaluar nuestro futuro desde la distancia y tomar algunas decisiones sin la presión de la máquina nicaragüense. Sin embargo, me encontré cada vez más sonámbulo durante nuestros preparativos de regreso. Sabía que los contras ya disparaban sandinistas y los sandinistas contraatacaban. Supe que estaba profundamente deprimido y luché contra todo con sonrisas y bromas y charlas sobre nuestro regreso a Nicaragua. Probablemente era un buen momento para ir, incluso cuando me despedí de todos en Managua. Este viaje era solo una necesidad práctica, el mandato de Lena que teníamos que resolver, para luego regresar.

Recuerdo nuestra reunión con los sirvientes de la casa por última vez, diciéndoles que los próximos inquilinos ya habían pagado el alquiler, agradeciéndoles por todo y dándoles obsequios y bonificaciones. Todos lloramos un poco en nuestras despedidas más personales. Pero fue Chencha quien salió corriendo de la habitación sollozando sin control. Para ella, Silvio era el chico que ella había perdido.

— ¿Y qué hay de mí? — decía ella —.

Parte IV. La ruptura y el reencuentro, con Dino en México y fuera

Carlos Barberena. El desaparecido.

1.

Cuando Mel instó a Silvio a unirse a la campaña de alfabetización, me contactó y tuvimos una buena charla sobre nuestros planes. Diferíamos en cuanto a la revolución, pero me conocía y sabía lo que podía convertirse en un lastre. Me dijo que había decidido volver a tomar sus clases de ingeniería y conseguir un apartamento con unos amigos. Si bien no pude lidiar con la escena en Managua, ¿por qué no pensé en conseguir una visa para venir a estudiar con él? Dije que me agradaba la idea, pero que probaría México primero y vería cómo me iba. Salimos a una fiesta y lo pasamos muy bien, pero llegó la hora de que se fuera, y ahí culminó todo.

2.

Lena y yo pasamos bastante tiempo con Dino en esas últimas semanas en Nicaragua. Estaba claro que teníamos que regresar si quería conseguir la permanencia, sabía que tenía que buscar trabajo antes de que fuera demasiado tarde en el año o en mi vida. Antes de irnos, le dije a Dino que debería llamarme o enviarme un correo electrónico si tenía algún problema. Nos fuimos a principios de mayo, y en junio estábamos en Minneapolis cuando, en medio de una especie de crisis, sentí que ya no podía estar con Lena. Me mudé y teníamos cada vez menos contacto, ya que terminé trabajando en un campo de refugiados cubanos de Wisconsin y finalmente conseguí un trabajo de un año en un campus universitario en Chicago.

Lena y yo vivíamos ahora en ciudades separadas, pero con la esperanza de reconstruir nuestra relación nuevamente. Ella me visitó varias veces, nos encontramos en varias conferencias, y finalmente nos reunimos en una en Monterrey, México. Ambos habíamos tenido otras relaciones y estábamos conscientes, lo que dificultó la reconciliación. Una cosa que sí sabíamos era que después de la conferencia de Monterrey íbamos a la Ciudad de México, pues allí era donde había ido Dino.

3.

Antes de que Silvio se fuera, sabía que tenía que salir de Managua y de todo el maldito país. Un amigo mío que se sentía de la misma manera sugirió que viajáramos en moto a México. Pero eso no iba a ser posible. Hablé con mi papá y entendió que tenía que irme. Incluso tenía un amigo de la escuela de medicina en la Ciudad de México y había la posibilidad de que pudiera ayudarme y, por supuesto, me dio algo de dinero y prometió enviar más cada mes hasta que estuviera estable. De todos modos, mi amigo y yo obtuvimos nuestros boletos de autobús e hicimos un camino largo viendo cómo los kilómetros nos separaban de todo ese ruido que llamaban revolución.

Finalmente llegamos a la Ciudad de México y pudimos quedarnos con un pariente suyo que nos dio comida y manutención e incluso nos ayudó a conseguir trabajo. Fue un momento difícil para mí porque no me veía regresar, no tenía el dinero para llegar donde Silvio y no me veía mendigando dinero a ninguno de mis padres para llevarme a los EE. UU. El amigo de mi padre ayudó en algo, pero estaba atado a su vida y no podía hacer mucho. Terminé trabajando en la cocina de uno de los hoteles de la Reforma, pero la paga no era mucho y apenas me alcanzaba para una película o una comida. Salía a flote esperando que sucediera algo.

4.

Así que allí, en medio de una ruptura que tal vez comenzaba a sentirse definitiva, nos vimos en el Hotel Sevilla frente a Sullivan Park y de camino a encontrarnos con Dino en un Restaurante VIP que parecía más bien un Denny's mexicano. Nos sentamos con él y le dejamos saber lo bien que se veía. Le pedimos una hamburguesa y luego otra. Estaba comiendo de todo y parecía que se lo estaba pasando genial. Preguntó cuánto tiempo estaríamos en la ciudad y le dejamos saber que teníamos que irnos en dos días, pero que si estaba libre estábamos dispuestos a hacer lo que quisiera.

—Un partido de fútbol —dijo.

Y eso hicimos: compramos boletos para el estadio, tomamos el transporte público y debo decir que nunca disfruté tanto de un partido de fútbol como ver uno con él.

Antes de irnos tuvimos otra conversación con él y nos reveló lo que quería hacer en su vida: ser piloto de avión. ¿Quería sobrevolar todas las confusiones y conflictos de su vida? Tal vez fue un pensamiento ingenuo o más bien una proyección que cualquier otra cosa.

—Creo que eso requiere algo de educación —resolví decir.

Estuvo de acuerdo, le dimos nuestros números de teléfono y le dijimos que considerara venir a Estados Unidos para explorar sus opciones.

—Tu madre y yo no vivimos en la misma ciudad, no sabemos qué nos depara el futuro. De igual forma, siempre puedes llamarnos a uno o al otro —le dije y luego nos fuimos.

5.

Algunas semanas después, con la visa de turista en la mano, tomé un autobús hasta la frontera en Nuevo Laredo y traté de cruzar, pero los guardias fronterizos de Estados Unidos me rechazaron.

—¿A dónde vas y por cuánto tiempo? —preguntó un guardia.

—A Minnesota —respondí—, para visitar a mi familia.

—¿Estás seguro de que no te vas a quedar allí? —preguntó otro guardia.

—Voy a la escuela en la Ciudad de México y estoy de vacaciones.

—¿Y qué está haciendo tu familia en Minnesota?

—Mi mamá es profesora en la Universidad de Minnesota —respondí—, pensando que este cambio de estatus me haría ganar la entrada.

—¡Ah! Y entonces vas a estudiar allí.

—No —insistí.

—Vamos, chico. ¿Por qué te romperías el culo estudiando en México si tu madre es profesora en Minnesota?

Hasta ahí llegó todo. Me dieron la espalda y no pude comunicarme con mi madre, no pude llamar o dejar un mensaje para que ella pudiera resolver las cosas, si podía. Así que me retiré al hotel más barato que pude encontrar cerca de la frontera.

Era el hotel de una prostituta, y una de las trabajadoras me tomó de la mano y pagó mis llamadas, hasta que finalmente conseguí a Mel, quien me dijo que estaba separado de mi mamá y que no sabía si iba hacia atrás o hacia adelante con el matrimonio, dudando de lo mejor y esperando evitar lo peor. Pero me dejó saber que haría todo lo posible para ayudarme a cruzar la frontera.

6.

Sabía que nuestro matrimonio probablemente había terminado, pero necesitaba saber si había al menos una última cosa que pudiera hacer para reiniciar el círculo de nuestro matrimonio de doce años ayudándola a reunirse con el hijo que acababa de perder. Quería hacer algo realmente bueno, y quería que ella estuviera bien, y que tal vez me apreciara por lo que estaba haciendo en medio de mi vida rota.

Al principio, tuve que verla en la conferencia a la que asistía en mi antigua alma mater, Dartmouth College. Quizás el fracaso del matrimonio estuvo marcado por haber cruzado su frontera y terminar en el Medio Oeste que odiaba, mientras que ahora ella cruzaba a la mía y terminaba triunfalmente en una conferencia en la universidad de élite que me había visto obligado a dejar tantos años antes, una escuela donde Los murales de Orozco en las paredes de la sala de lectura de la Biblioteca Baker me habían perseguido toda mi vida y tal vez me habían llevado de alguna manera a todos los cruces fronterizos posteriores.

Para empeorar las cosas tanto como fuera posible, cuando finalmente la encontré en el Hanover Inn y la puse al teléfono, tenía mucho frío.

—Sabes que estoy en la conferencia y solo estás usando la situación de Dino como una excusa para interferir conmigo aquí.

—Pensé que, como su madre, a ti te importaría y deberías saberlo, y saber también que sé que estás ocupada y que no importa lo que nos pase, haré todo lo posible para que él llegue a ti.

—¡Gracias! —dijo cediendo un poco —. Haz lo que puedas.

7.

¿Qué podía hacer? Recuerdo que una pareja de trabajadores agrícolas, los Villarreal, y sus diez o más hijos vivían en Laredo, y que con frecuencia cruzaban la frontera para visitar a su familia. Recientemente lo había visitado en un caso legal que podía proveerle a los Villarreal y otras familias de trabajadores agrícolas de Laredo algunos fondos necesarios. Así que sin mucha dificultad encontró su número y llamó a Guillermo Villarreal.

—¡Señor Mel! —Villarreal respondió sorprendido—. ¿En qué le puedo servir?

Mel explicó la situación.

—Tengo la dirección del hotel en el que está en Nuevo Laredo, y pensé que tal vez tú y tu familia podrían recogerlo y...

—Llévalo al otro lado —anticipó Villarreal—. No hay problema. Lo llevamos al otro lado de la frontera, a nuestra casa, y luego te llamamos.

—Fantástico —respondió Mel emocionado por su capacidad para manejar la situación.

Y efectivamente, Villarreal se puso en contacto con Dino, y al día siguiente él, sus hijos y sus amigos (unos 12 niños en total) cruzaron la frontera, fueron al hotel de Dino y lo llevaron a la parada fronteriza donde él y los niños (13 en total) cruzaron la frontera hacia los EE. UU. La familia Villarreal lo recibió durante unos días, luego montaron a Dino y a su hija Laura en un autobús que subía por la 35E a través de Texas hasta Mason City, Iowa y luego a las ciudades gemelas a las que llegaron unos días más tarde. Mel había notificado a Lena y a Silvio cuando llegaba Dino, así que tan pronto como pudieron bajarse del autobús, se unió a su madre y su hermano después de 12 años. Y efectivamente, también, el círculo se cerró, y los doce años de relación con Lena habían llegado a un triste final definitivo.

8.

Fue todo tan raro, me hospedaba en un burdel al que de pronto entra un tipo mexicano de Texas, el Señor Villarreal, buscándome y me dice que recogiera mis cosas para cruzar la frontera. Me despedí de las chicas, salí del hotel y, efectivamente, vi a un montón de niños mexicanos en la plataforma de un camión, todos bromeando y riendo, me ayudaron a subirme y a unirme a ellos en el camión. Íbamos cantando una canción tras otra hasta llegar a la frontera, luego otra canción y otra más. El tipo de la migra conocía al Sr. Villarreal por su nombre, parecían compartir algunas bromas y antes de imaginarlo, hicieron señas para que el autobús pasara, cruzamos la frontera sin ningún problema. Me quedé unos días allí y me di cuenta de que Laura Villarreal, la mayor de las niñas, planeaba ir a la Universidad de Minnesota como yo. Pronto nos encariñamos, y juro que le hice el amor incluso antes de irnos. A pesar de que era hijo de un médico y un profesor, estaba viviendo en el paraíso de la clase trabajadora mientras recorríamos el camino de los migrantes hacia Minnesota, besándonos y tocándonos cada vez que podíamos debajo de cualquier manta que compartíamos en el camino. Luego llegamos a la ciudad, Laura saltó a los brazos de su tía; Silvio y mamá me brincaron encima, y antes de que me diera cuenta, me estaba comiendo un bistec en un Black Angus en Minneapolis.

—¡Bienvenido a casa! —me dice mi madre. Pude notar que no estaba tan bien como quería aparentar. Recuerdo que Silvio me apretó el brazo y que el bistec estaba realmente bueno.

Parte V. Dino y Silvio

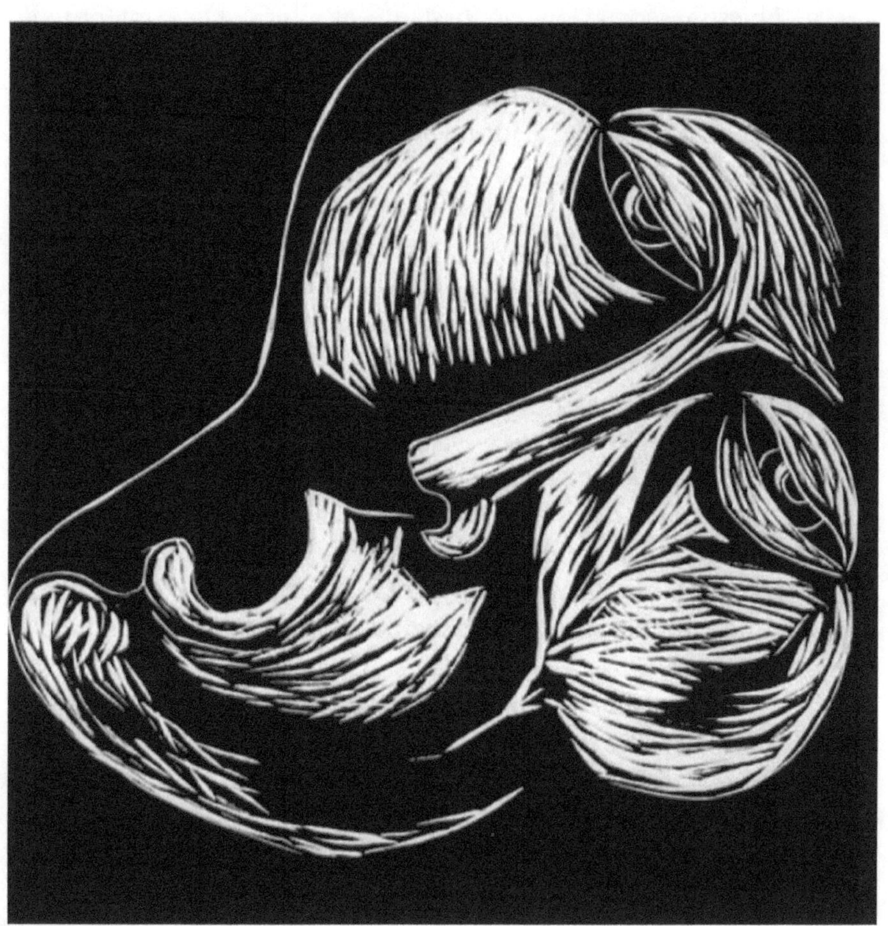

Carlos Barberena. Agonía. 2008.

1.

Apenas vi o supe de Dino después de eso, y lo poco que sabía de Silvio lo sabía porque me llamaba una vez a la semana más o menos, hablaba solo de él mismo y apenas me dejaba preguntar una palabra sobre Dino o su madre.

Nuestra separación era bastante absoluta. Hice intentos de volver pero ella los rechazó, siempre me recordaba que yo fui quien había optado por la ruptura esta vez y que ella había aprendido a respetar mi decisión de la mejor manera para ambos.

Así que no estaba cerca para ver su interacción, ver cómo Dino y su madre desarrollaron su relación durante la convivencia mientras que Silvio vivía con amigos. Sabía que Dino estaba matriculado en la U., que estudiaba ingeniería, que todavía estaba saliendo con Laura y que ambos veían a Silvio y a su novia peruana, Anya, y que se juntaban de vez en cuando.

También deduje que en la relación entre madre e hijo persistía una fuente de tensión, además de los problemas que surgían por sus diferentes puntos de vista sobre la vida y la política. Dino quería ir de fiesta, eso lo sabía, y ella quería que él siguiera la línea mientras trataba de arreglar sus papeles y lidiaba con su nueva vida como mujer soltera. No subestimo los problemas y las tensiones, mientras él siga escuchando la voz retumbante de su padre declarándola puta y comunista todo el tiempo. También escuché que ella lo echó más de una vez, que se iba a quedar con su hermano, o un amigo de su hermano.

Un día recibí una llamada de Silvio y me dijo que tenía algo muy difícil que discutir conmigo. Lo animé a soltarse.

—Escucha, Mel —dijo—, Dino… Bueno, ya sabes que rompió con Laura hace algún tiempo.

—No, no lo sabía —respondí—. Sabía que estabas rompiendo con Anya, pero no sabía nada de Dino. ¿Qué causó la ruptura?

—No importa —dijo Silvio con impaciencia y bastante insistencia —, al menos para esta historia. Rompieron, pero ese no es el punto. El punto es que creo, no, lo sé, lo sé, Dino se ha estado follando a Anya.

—¿Qué? —dije.

—Sí, parece que empezaron a salir y lo hicieron, en más de una ocasión.

—¡Dios mío! —fue todo lo que pude responder pensando que no es algo que un hermano hace, pero luego pienso que suele suceder, y que sucedió.

Permanecí en silencio durante algún tiempo tratando de asimilar lo que había dicho, averiguar lo que podría significar y decirle las palabras adecuadas si podía. Realmente no sabía qué decir, pero comencé con algunas preguntas exploratorias. ¿Se habían estado llevando bien? ¿Hubo algún indicio previo de algo entre ellos? ¿Dino había planteado alguna vez la cuestión de que tal vez se sintiera atraído por ella? Las respuestas fueron afirmativas en todos los aspectos. Pero parecía haber algo allí, un pequeño pero feroz resentimiento al borde del enojo que pudo haber causado, al menos inconscientemente, un curso de acción tan extremo y venenoso. ¿Dino tenía en alguna parte de su alma un resentimiento contra el hijo que no se quedó atrás, el hijo que tenía el amor de su madre casi todos los días, si no todo el año?

—Tranquilo —le dije a Silvio—. Trata de vivir con esto, supera el dolor por fuerte que sea, supéralo, sobrepásalo, si puedes. Es tu hermano, puede que no se dé cuenta de lo que eso significa, tal vez porque han crecido en lugares separados con situaciones diferentes. Pero tarde o temprano descubrirá lo que significa tener un hermano.

—Lo intentaré —dijo Silvio—, probablemente decepcionado por mi pequeña charla, y tal vez adivinando qué podría haber detrás—. Es solo que ha actuado más como un enemigo que como un hermano, o tal vez como un hermano enemigo.

2.

Realmente no sé cuál fue el problema. Él había terminado con ella y ella con él, y yo me sentí atraído y ella también, así que fue fácil, y sucedió, ¿y qué? Quiero decir, ¿significa que voy a engañarlo, incluso si es un poco idiota esperando que lo tomen por tonto? Y si él la quería, ¿por qué no la reconquistó? Y si no lo hizo, ¿de qué se trata todo esto? Y luego para intentar hacerme sentir culpable, no, joder, no, no hay forma de que vaya a jugar con eso.

El hecho es que Laura se había convertido en una gran molestia, apoyándose en mí, buscándome todo el tiempo, observando cada uno de mis movimientos. Luego empezó a quejarse, ¿por qué no era tan amable con ella como mi hermano? Mi hermano esto, mi hermano aquello. Por supuesto que amo a mi hermano, pero todo esto empezó a molestarme. Aquí estamos todos en la Universidad de Minnesota y mi mamá es quien toma las decisiones, hace los arreglos, hace todas las cosas. Luego se va a Nicaragua y nos deja solos. Quiero decir, acabo de regresar y ella ya está planeando despegar porque la revolución llama, así que estoy un poco atrapado con Silvio y Laura, y ni siquiera puedo estar con sus amigos y su mundo. Siempre está en el Latino Center interpretando al Sr. Chicano, cuando somos Sandino en movimiento, al menos ese soy yo. Él está haciendo ingeniería y yo también, pero yo quiero volar, despegar y Laura está tratando de arrastrarme y a Silvio también, y está Anya y ella también quiere despegar, así que ¿por qué no vamos a dar un paseo? ¿Y por qué no debería? ¿Y qué diferencia hace? Habían terminado de todos modos. Y terminé con Laura, entonces, ¿cuál es la diferencia? No fue nada permanente, fue un juego, así que ¿por qué no hacerlo y por qué no puede superarlo? Ella estaba saliendo de nuestras vidas de todos modos. ¿Por qué no dar ese último pequeño paseo y disfrutarlo al máximo? ¿Y por qué me trata como si fuera un traidor y todo lo malo que puedas nombrar? Bueno, tal vez lo sea, soy el hijo de Rolando, ¿no? Mientras que él es el hijo de Karla Marx. Él no fue el que fue secuestrado, yo sí. Mi vida se echó de un lado a otro, así que trato de divertirme lo más que puedo, haciendo lo que quiero hacer cuando quiero hacerlo. ¡Qué carajo! Lo hice, no significó nada, ni siquiera fue tan divertido, lamento lastimarte, supéralo.

3.

Por mi parte, realmente quería que Silvio superara esto. Pareció perdido en el resentimiento durante mucho tiempo. Y me molestó. En mi dolor por el divorcio, supongo que quería tener la ilusión de dos hermanos reunidos después de tantos años, los mejores amigos abriéndose camino en la vida juntos, siendo yo, de alguna manera, el autor, al menos parcial, de eso; el resultado positivo de un matrimonio tristemente condenado. Supongo que esa era mi meta, tal vez desconocida incluso para mí, que aunque ya no estaba con ellos y sabía tanto de sus vidas como Silvio me dejó saber, de alguna manera estaba allí dándoles algún tipo de bendición. Y ahora esto, estas locas emociones y tentaciones de jóvenes que podía imaginar pero que de ninguna manera podía controlar.

Ciertamente hice lo mejor que pude al hablar con él, tratar de convencerlo de que hablara de esto con un psicólogo, o con sus amigos. No lo sé, pero siento que su madre tal vez se puso de su lado y le advirtió que Dino podría estar albergando emociones que no podían comprender, que tal vez él estaba de alguna manera enojado con ella y se desquitó con su hermano. No lo sé, no lo sé. Pero sí sé que un día me llamó con una noticia que era de esperarse: Anya lo había llamado para pedirle perdón y le había preguntado si podían intentar volver a verse.

—Escuché todo lo que tenía que decir —me dijo Silvio—, y supongo que de repente me sentí menos amargado por ella, por Dino y todo eso. Pero sabía que no quería verla, sabía que realmente había terminado y que cada uno debería seguir su propio camino.

—Me parece bien. Quiero decir, si estás seguro de que se acabó y que no lo dijiste solo porque te lastimó y querías devolverle el disgusto.

—No, estoy seguro —dijo y luego hizo una pausa —; luego sucedió algo más.

—¿Qué fue?

—Me encontré con Laura en el campus, tuvimos una larga charla y creo que ella quiere tener algo conmigo.

—¿Hablas en serio?

—Sí, me dijo que Dino siempre la había tratado mal, que la había usado, hasta el punto que su padre se enteró y estaba realmente molesto, y amenazó con dejar de ayudarla en la U. Pero ella dijo que se había dado cuenta que yo era alguien quien le gustaba y a quien admiraba.

—¿De verdad dijo que te admiraba?

—Sí, y supongo que eso fue lo que me atrajo.

—¿Te atrajo?

—Sí —dijo—. Supongo que debo admitir que se sintió bien ser admirado, aunque sea una responsabilidad demasiado grande... Así que decidimos vernos, al menos salir en una especie de cita, pero no sé si debería...

—¿Por qué no? Si hay algo de atracción y te sientes bien con ella.

—Bueno, lo haría y no lo haría. Quiero decir, una parte de mí se pregunta si no estoy haciendo esto solo para ajustar cuentas con Dino. Quiero decir, seamos realistas, ella es de una familia de trabajadores agrícolas tejanos en ambos lados de la frontera, no estaba realmente preparada para la U, y se está agarrando por la piel de los dientes. Es un poco atractiva, con esos ojos profundos que tiene, pero tan delgada como el infierno, como si hubiera sido una niña desnutrida. Ciertamente he intentado ayudarla en la U. y no quiero hacer nada que pueda herirla. De salir y tener algo con ella, debo asegurarme que no sea ser por intentar vengarme de Dino o incluso usarla para reconciliarme con él. ... Quiero decir, él siempre viene a verme y me busca el lado bueno para hacerme olvidar lo que pasó, pero estoy lejos de perdonarlo. No puedo olvidar lo que hizo tan fácilmente solo porque él quiera. Igual no debería usar a Laura para arreglar las cosas con él.

—Entiendo todo lo que estás diciendo —le dije—. Y está claro que no deberías estropear a Laura, mucho menos por Dino. La conozco desde que era una niña cuando su familia llegó por primera vez a St. Paul, y yo era su consejero. Hice todo lo que estaba en mi poder para ver que ella tuviera la oportunidad de desarrollarse, y creo que estaba orgulloso de que mi ayuda a Dino de cierta manera la ayudó a ella. Así que, por supuesto, no quiero verla arruinada. Quiero que ella supere todos sus problemas, obtenga su título y la ayude en su vida e incluso en la de su familia. Así que no la lastimes. Pero eso no significa que no debas tratar de verla y ver si puede haber alguna base para una buena relación, porque te diré una cosa: necesitas una mujer en tu vida.

En cuanto a Dino, sería bueno si pudieras superarlo e intentar restablecer la relación. Es tu hermano menor, y quiere estar cerca. Pero de nuevo, no hagas nada con ella si es solo un acto de venganza.

—Es algo complicado resolver todo esto —dijo—. Me tengo que ir. Debo pensar en todo esto. Te dejaré saber lo que decida.

Unos días después me llamó.

—Adivina qué —dijo.

—¿Qué?

—La saqué y ella realmente estaba muy a gusto, así que le hice el amor y tuvo un orgasmo. Me sentí bastante bien por eso, de pronto comenzó a llorar y luego me admitió que lo hizo solo para vengarse de Dino.

—¡Oh Dios! —dije maldiciéndome por mi pésimo consejo.

VI. Nuevamente perdido

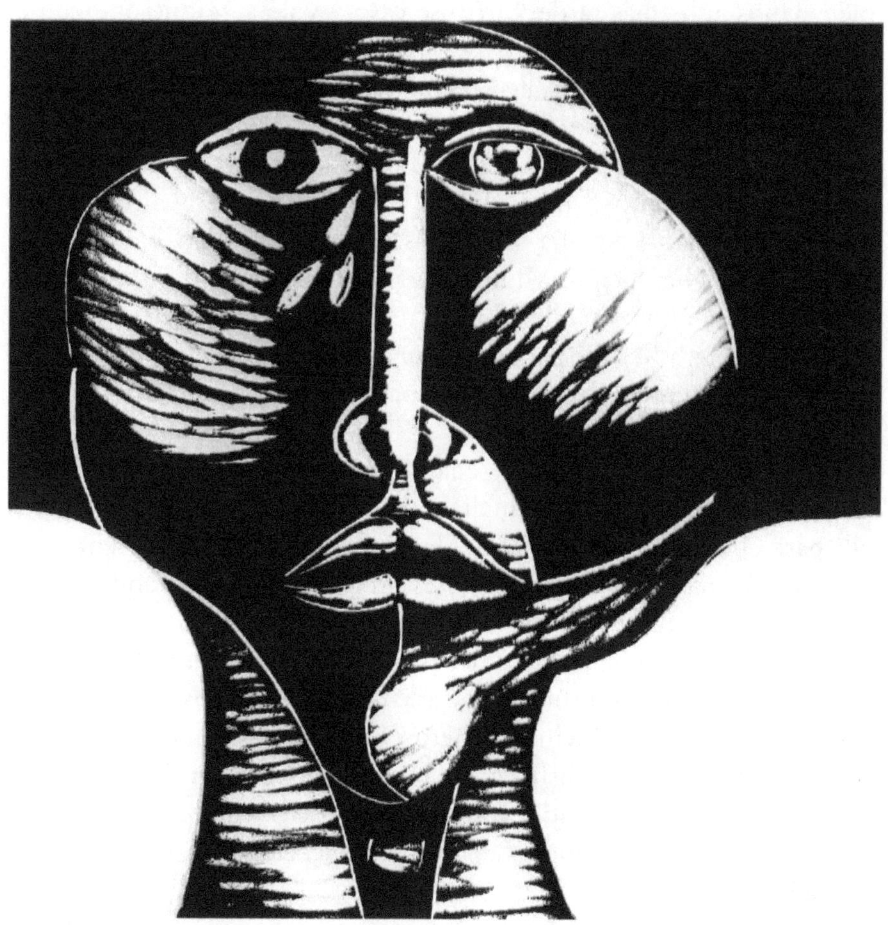

Carlos Barberena. Madre llorando. 2008.

Pasaron los años y los hermanos parecían haber superado su problema, no sé muy bien cómo (tal vez Laura ayudó después de todo). Una vez vinieron juntos a Chicago y se quedaron conmigo en mi destartalado piso de soltero. Fui a cenar con ellos una vez y todo estuvo bien. Unos años más tarde, Silvio se casó y volé a Minnesota para la ceremonia, vi a Dino e incluso a su madre, aunque brevemente.

Unos años después, llegó el momento en que le dije a Silvio que me iba a casar con Amelia y le pedí que viniera a la boda. Y efectivamente, preguntó si podía venir con Dino. Los dos estuvieron, se quedaron en mi departamento con mi mamá y mi hermana, mientras yo me quedé en la casa de Amelia, todos asistieron a mi boda y bailaron, fue realmente una bendición. Mi madre y mi hermana me dejaron saber lo genial que era estar con ellos. Luego regresaron a California, Amelia y yo los llevamos a My Pie para que comieran toda la pizza que pudieran comer, y comieron rebanada tras rebanada, luego eructaron todo el camino de regreso a Minnesota.

Unos años más tarde, cuando la esposa de Silvio se estaba preparando para dar a luz, Amelia y yo fuimos a St. Paul, y estuvimos allí para el nacimiento de Sandy. Fuimos testigos de la presencia del tío feliz en una primera reunión y sesión de fotos. Comprendí que era un buen tío y que todo estaba bien. También recuerdo que después de que Silvio se divorciara, los hermanos vinieron al Mundial, los dos entusiasmados por el fútbol; cuidé a Sandy mientras los dos hermanos asistían al partido, e incluso hicieron arreglos para que fuera a uno con ellos, así que todos disfrutamos muchísimo. Luego, Dino tuvo que volar de regreso para cumplir con su horario de trabajo, Silvio se quedó atrás y me contó que Dino estaba tomando lecciones de vuelo y que lo había llevado varias veces.

Le dije que estaba sumamente contento de que hubieran resuelto las cosas y de que mantenían una buena relación de hermanos a pesar de todo. Lo que fue aún más increíble tal vez fue cuando Silvio regresó a Minnesota y Dino consiguió boletos para la final de la Copa del Mundo en Pasadena, y volaron juntos para ver los juegos, yo estaba feliz al imaginar su gran aventura juntos.

2.

Dino fue un gran hermano durante todo mi matrimonio y luego mi largo y solitario divorcio. Yo trabajaba en mi trabajo y él en el suyo, pero él estaba saliendo mucho tiempo en ese entonces, yo no. Simplemente no me apetecía después de mi pésimo matrimonio y ahora el peso de mantener a mi hija y hacer de mi casa un lugar en el que ella pudiera sentirse feliz. Pero no puedo negar que realmente apreciaba a Dino, el tío. Sandy realmente se alegró cuando volvió. Todos estos años mi mamá estuvo viviendo en Nicaragua, visitaba de vez en cuando. Se volvió a casar y luego, después de que los sandinistas perdieran las elecciones, regresó y consiguió un trabajo en Maryland, luego en California, y finalmente se instaló con un trabajo permanente en Columbus, logró incluso arreglar los papeles de su esposo y venir a Minnesota para vernos de vez en cuando.

En algún momento, comencé a salir con Karla, a Dino le pareció genial, incluso salimos un par de veces. Aunque luego consiguió un trabajo en Cleveland; fue a visitar por un tiempo a nuestra madre y al poco tiempo contrajo matrimonio con una chica de campo de Kentucky. Entonces algo comenzó a suceder, se volvió cada vez más distante de nosotros. Era como si el matrimonio se lo estuviera tragando. Cuando Karla y yo nos casamos, lo invitamos. Sandy lo esperaba más que nadie. Mi mamá y su esposo, don Roberto, vinieron, incluso Mel también vino con Amelia; todos nos llevamos tan sorprendentemente bien. Sin embargo, Dino no estaba allí. Simplemente no podía escapar, dijo. No tengo idea de qué tipo de relación tenía con nuestra mamá, parecía bien, pensé, todo parecía estar bien a pesar de que se había perdido la boda, hasta el punto de que todos acordamos reunirnos un año en Cleveland para el Día de Acción de Gracias.

3.

Recuerdo haber corrido hasta O'Hare para ver a Silvio, a Karla y a Sandy muy brevemente en su escala en Chicago de camino a Cleveland. Fue una noche desagradable y el avión llegó tarde; todo lo que pude hacer fue correr con ellos para llegar de un avión y luego a otro. Apenas los vi, pero en cierto sentido les había dado la bendición de nuevo, una vez más, pensé, al reunirlos con Lena.

4.

Llegamos horas tarde para llegar a Cleveland y a casa de Dino, pero más tarde aún de la hora estipulada, llegaron mi mama y Roberto. Todo estaba terriblemente tenso en la casa mientras esperábamos. Dino y Kathy se dijeron palabras fuertes frente a nosotros, e incluso se tomaron un tiempo para discutir con suficiente fuerza para escucharlos en la sala de estar. Los tres estábamos en una especie de conmoción: era pésimo presenciar tanta hostilidad entre dos personas y también ser objetivos parciales debido a cosas sobre las que no teníamos control. Lena llamó y explicó que estaban atrapados en un gran tráfico, pero Dino simplemente dijo que debían llegar allí. Cuando finalmente llegamos, los recibió en la puerta con ira e indignación, por lo que entraron de mala gana. Kathy dijo que todo estaba arruinado y que se iba a acostar. Dino la siguió, y los cinco invitados nos sentamos en la sala de estar y nos preguntamos qué estaba pasando. Intentamos superarlo todo y finalmente decidimos irnos a la cama. Cuando me desperté a la mañana siguiente, pude escuchar discusiones en la sala de estar y luego algunos portazos. De alguna manera supe que mi madre y su esposo se estaban preparando para partir.
Fui a su habitación y les pregunté qué estaba pasando.

—¡Hasta aquí! Si él piensa que voy a dejar que me insulte el resto de mi vida, tiene otra cosa que resolver. Si no es mi hijo, entonces yo no soy su madre, y eso es todo.

—¿Estás segura, mamá? —le pregunté y ella respondió afirmativamente.

—Dile adiós a Karla y Sandy —dijo.

Estaba claro que estaban empacando y ya a punto de salir por la puerta cuando Roberto, el hombre más tolerante del mundo, dijo:

—Tómatelo con calma.

—Planeemos reunirnos pronto —le dijo mama.

Levanté a Karla y a Sandy para contarles lo que había sucedido.

—Vámonos de aquí —dijo Karla.

—Vayamos a un hotel y dejemos todo esto atrás.

Comenzaron a empacar y salí de la habitación para contarle a Dino.

—Nos vamos —le dije—. No se puede tratar a la gente así.

5.

—Es mi mamá la que siempre se ocupa de mi caso desde que regresé a los Estados Unidos. Ella no puede aceptarme, que se joda, estoy harto.

—No puedes tratarla de esa manera y pretender que estemos en paz como hermanos —le dije—. Casi muere cuando te fuiste, pero nunca lo creíste. Y ahora la has tratado como una mierda. Nos vamos.

—Adelante —dijo—. Verás que no te necesito en mi vida. Tengo la mía propia, mi propio camino. Y así es.

Ni él ni su esposa hicieron nada para evitar que nos fuéramos. Karla llamó a un taxi, que nos llevó a un hotel en el centro, tuvimos nuestra cena de Acción de Gracias allí y al día siguiente tomamos un avión temprano de regreso a Minnesota. Esa fue la última vez que mi madre y yo, y toda mi familia, vimos a Dino hasta el día de hoy.

6.

Trato de entender lo que pasó, una y otra vez he tratado de entenderlo porque tengo que admitir que yo también amaba a Dino, incluso Amelia lamentó haberlo perdido en nuestras vidas. Nunca hablamos mucho de eso, Dios sabe que teníamos nuestros propios problemas y tragedias. Pero la sombra de Dino se quedó con nosotros y permanece con nosotros hasta el día de hoy. Por supuesto, el chico que regresó no era el chico que se había ido, y el hombre en el que se convirtió ni siquiera era el chico que regresaba. Nos preguntamos si el impulso de Lena por la educación y la carrera no había jugado un papel importante, o si no fue la revolución y los años que pasó en Nicaragua después de que él llegó a Minnesota, si no confirmaron lo que su padre había dicho sobre sus prioridades. ¿Qué papel había jugado Rolando en todo esto? Las palabras que dijo durante los años en que Dino estuvo bajo su control, y luego lo que vio en Minnesota y sus años en Nicaragua.

De vez en cuando le he preguntado a Silvio al respecto, ¿había pensado en llamarlo para contactar a Dino? Pero dijo que estaba cansado de todo, que era inútil, que no había nada que hacer. Por mi parte, intenté mantener una relación distante pero amistosa con Lena durante años. Tengo entendido que ella hizo lo mismo, y todo estaba bien cuando nos reuníamos en conferencias y cosas así, aunque tuve diferencias con su capacidad para poner fin a las relaciones, con Dino para empezar, pero también con nuestra nieta, la mayor de Silvio, a quien por alguna razón había rechazado incluso de niña. No pude comprender ese lugar rígido en su corazón. Sabía que la pobreza temprana y la vida misma, sí, incluida su experiencia conmigo, probablemente la habían hecho volverse dura e intransigente en sus caminos. No obstante, rechazar a nuestra nieta, infligir un dolor tan profundo a una niña aparentemente porque detestaba a la madre de esa niña parecía confirmar el rechazo final decidido de su hijo menor y, por supuesto, el preludio de lo que aparentemente se ha convertido también en nuestra ruptura definitiva.

En nuestro caso, la mera existencia de los otros cuentos ha sido el motivo principal de la ruptura. Lena, enfurecida al saber sobre las historias que estaba escribiendo, se divorció de mí por segunda vez y, al igual que con Dino, no me ha hablado en años. La ironía es que, al menos conscientemente, le había enviado las primeras historias como testimonio de mis buenos recuerdos y de mi continua solidaridad con ella y su familia. Aún así ella nunca respondió dejando claro que estaba tan indignada que ya no quería tener ninguna relación conmigo. Le argumenté por correo e hice algunos esfuerzos por romper el silencio pero ella nunca respondió. Hace unos años tuvo que cuidar y perder a su marido de toda la vida, don Roberto, un cubano simpático y relajado, me dio la impresión. Traté de desearle lo mejor en su lucha y pérdida, pero ella permaneció en silencio; probablemente nunca me hablará, así como nunca podrá volver a hablar con Dino o con nuestra nieta. Simplemente no puedo comprender la razón de estas rupturas. Me gusta pensar que todos de alguna manera podemos encontrar un camino de regreso, aunque Silvio dice que solo estoy soñando, ve mi deseo de que se reconcilie con Dino como un síntoma de mi incapacidad para aceptar la pérdida de su madre, y todo lo que tiene que decirme al respecto es eso.

Por supuesto, el silencio de Lena quizás me ha liberado para finalmente preparar las historias para su publicación, e incluso agregar esta, ya que he llegado a creer que su capacidad para romper relaciones es un aspecto central de su vida, su éxito en la misma, una habilidad que desprende el dolor más amargo. Ahora he abandonado toda esperanza de que encontremos el mínimo punto de retorno.

De alguna manera, no puedo superarlo todo. De alguna manera, el recuerdo de esos primeros años fronterizos se ha quedado conmigo y me ha perseguido hasta la vejez. Y en medio de esos recuerdos, hay imaginaciones de cosas que nunca vi, y entre ellas está Silvio repentinamente sin su hermano, entristecido e incluso sintiéndose culpable, un niño perdido, solo, sin su hermano, perdido por igual. Veo a su hija llorando por la pérdida de una abuela que nunca tuvo. Luego puedo ver a Lena atormentada por el pavor mientras veía morir a su padre, atormentada por el miedo y el terror por la desaparición de su hijo. Además veo a ese niño, en una habitación de algún sórdido hotel fronterizo, sabiendo que tal vez nunca vuelva a ver a su madre o hermano, enojado porque su madre no está con él, porque ella y su hermano lo han abandonado, aterrorizado por lo que su padre podría hacer, solos los dos, y quizás para siempre solo de alguna manera, probablemente queriendo volar sin nadie: un niño perdido que nunca podría volver.

Libro dos: Otros en el camino

Carlos Barberena. Cañanería.

Invocación

Tantas historias fronterizas de mexicanos y centroamericanos, de guatemaltecos que huyen del ejército, de salvadoreños que huyen de los escuadrones de la muerte de Arena o del terremoto en Santa Tecla, de hondureños que huyen del huracán Mitch, de los que viajan en la Bestia y se amontonan en la frontera, de aquellos disidentes que han ido a la cárcel o al exilio protestando contra la dictadura de Ortega.

Sin embargo, ¿qué ocurre con nuestro tema principal, con los nicaragüenses exiliados durante los años de Somoza y los que apoyaron a los sandinistas en esos años perdidos?, ¿esas nicas fronterizas que vivieron en Los Ángeles y en San Diego? Esas historias aquí se compaginan con la historia del Libro I para contarnos más sobre una familia nicaragüense, una familia entre otras, en ese pasado.

El Libro de Jorge Manuel

Carlos Barberena. Sandino, sombrero y ojos (imagen recortada). 2018.

Las guerrillas sandinistas formaron la base de un grupo de sabotaje e inteligencia de la KGB establecido en 1966 en la frontera entre México y Estados Unidos con bases de apoyo en el área de Ciudad Juárez, Tijuana y Ensenada. Su líder [era] Jorge Manuel Quijana y Jaén (nombre en clave PRIM). Entre los principales objetivos de sabotaje en la frontera de Estados Unidos se encontraban bases militares, emplazamientos de misiles, instalaciones de radar y el oleoducto (con nombre en código START) que iba desde El Paso en Texas hasta Costa Mesa, California". **Reportaje desde México**

1.

Así que, con dos días libres, he cruzado la frontera, he hecho mi recorrido por Tijuana y mi caminata hasta Ensenada; llegué a la ciudad lo suficientemente temprano para conseguir un hotel, comer un par de tacos en la taquería principal cerca de la Cantina de Housong y, aún así, llegar a una barbería a última hora de la tarde—a la que solía ir hace años atrás cuando me quedé todo un verano e hice breves visitas al pueblo y a la casa de Ariana, ¡mi suegra!, quien murió hace tantos años, así como Jorge Manuel. Los dos peluqueros que encuentro son veteranos, probablemente me recortaron el pelo hace años, pero no parecen recordarme más de lo que yo los recuerdas a ellos, pues el tiempo nos cambia hasta hacernos irreconocibles.

Justo cuando el barbero me levanta y termina sus preguntas sobre el corte que quiero, el cliente del otro barbero paga su tarifa y se va, de modo que el barbero 2 ahora es libre de tomar la silla a mi lado. Todo es un poco apático, el aire en la barbería está muerto a pesar del ventilador. Estoy un poco cansado por el viaje y la comida y tal vez listo para la dosificación cuando el barbero corte. Mientras hace su evaluación final de mi cabeza calva, lo siento patear la silla un poco más de lo normal y como descifrar algo.

—¡Oye! —me dice en español—, ¿no te he cortado el pelo antes?

—Sí —respondo—, creo que sí, varias veces, pero hace muchos años.

—¡Sí! —dice maravillado como Balboa mirando por encima del estrecho de Darién, palpando diferentes partes de mi cabeza con la punta de sus dedos que parecen tener un recuerdo propio—. Sí, ¿no es yerno del Dr. Quijana?

—No —le aclaro—, el yerno de Ariana Quijana, la hermana del Dr. Quijana.

—¡Bueno, no lo digas! —barbero 2 exclama.

—Sí, Ariana se ha ido por varios años y él la persigue —agrego—. ¡Y claro!, me he divorciado de la hija hace varios años.

—¡No! —dice mi barbero cual si fuera una desgracia personal—. ¡Qué lastima! ¡Qué vergüenza! —exclama como si el divorcio hubiese sido ayer—. ¿Y qué te trae por aquí ahora?

Ahora solo vengo por aquí cada cierto tiempo, después de visitar a mi familia en Los Ángeles, vulnerable al dolor de la nostalgia, recordando mi vida pasada con una esposa, una familia y tantas experiencias en este pueblo cercano a la frontera

Por lo general paso por la casa de mi suegra, por la escuela a la que asistió mi hijo y en ocasiones por la tienda que Ariana y su hermana Fernanda o Nanda corrieron durante algunos años, incluso más allá de donde Jorge Manuel tenía su oficina, casa y librería. Luego de tener la energía o el tiempo, voy al soplo de La Bufadora y veo cómo las olas golpean las rocas. Esta vez entro a la barbería y el barbero me reconoce. No respondo a la pregunta formulada, pero a los barberos no parece importarles: están perdidos en su propio ensueño de recordar.

—Doña Ariana era una vieja enérgica, siempre aquí o allá lejos en el D.F., o al otro lado, en la Ciudad de México o al otro lado de la frontera —dice el segundo barbero—, pero el doctor Quijana realmente era un personaje en este pueblo.

—¿De dónde eran de nuevo? —pregunta mi barbero.

—De Nicaragua, creo —dice el otro—, los dos estaban metidos en política, pero no sabemos cuánto.

—¡Sí! —agrego—, eran exiliados de la Nicaragua de Somoza. Jorge Manuel Quijana había luchado contra los Somoza y se había ido a la Ciudad de México por algunos años, y luego vino aquí a Baja, se casó con una ensenadiense y se asentó en el pueblo aunque con ausencias prolongadas cuando viajaba a quién sabe dónde.

—Nunca dejó de trabajar para la Revolución —dice el barbero 2—,y escuché que incluso regresó cuando ganaron los sandinistas, ¿cuándo fue?

—Julio de 1979 —respondo.

—Un revolucionario ese Dr. Quijana, un revolucionario en Ensenada —dice barbero 2 y ambos se rieron.

—Un poco loco —dice mi barbero riendo—, pero hizo un gran revuelo aquí. Un médico, un psiquiatra, un maestro en la escuela secundaria, y luego estaba su librería, donde los niños podían obtener sus libros de texto y todo lo que quisieran sobre los sandinistas o el movimiento comunista.

—Él era uno entre un millón aquí en esta ciudad —dice barbero 2.

—Uno para los libros —dice mi barbero—. Ya no agradan a la gente, ni siquiera entonces había quien lo igualara.

—¡Cierto! —asegura el barbero 2—. Aquí llamó mucho la atención, incluso ese mesero mexicano.

—Víctor Tirado López —intervengo.

—Claro, el doctor le enseñó todo lo que sabía y Víctor se convirtió en comandante en esa revolución: ¡un comandante mexicano! —reflexiona barbero 2.

—¡Dios mío!, el Dr. Quijana siempre se salía con la suya con su oratoria, podía convencer a cualquiera de cualquier cosa. Y si querías hablar de política, él podía conversar hasta hacerte perder la cabeza.

—Bueno, no pierdas la mía —le respondo, principalmente en broma, pero algo preocupado hacia dónde pueda conducir toda esta nostalgia con tijera en mano por donde apenas queda cabello.

Sin duda, el médico no hablaba únicamente. Sentado en la silla de barbero y escuchando a los barberos, no puedo evitar un caleidoscopio de recuerdos que vuelve a la mente. Había esa fila constante de visitantes, principalmente nicaragüenses de la Ciudad de México o San Francisco que eran sus invitados aunque casi todos se hospedaban en la casa de su hermana Ariana. Estaba esa nica judía, Herbie, que trabajaba en una fábrica de Los Ángeles, pero visitó varias veces y finalmente fue arrestado por intentar contrabandear armas a México y luego a la tierra de Sandino. Luego vino ese visitante que parecía representar al Frente Sandinista, el Frente, que se quedó en la casa de Ariana por unos días mientras Jorge Manuel organizaba una gran reunión para él. Y luego vino otro intelectual nicaragüense de altísima altura, recién llegado de París, que discutía ideas revolucionarias en una taquería y otra.

También hubo noches salvajes con sus amigos varones en el restaurante-bar El Gran Chaparral, y las grandes peleas que siguieron con su esposa de Ensenada. También estaba ese amorío que tuvo después con esa loca más macha o "machista" que cualquier acampada, siempre con sus grandes perros y su rifle, luciendo sus grandes pechos y muslos, el marido durmiendo en el porche mientras ella y el doctor pasaban un buen rato en la cama matrimonial. Se fueron a Nicaragua con la Revolución, pero algún tiempo después regresaron, quién sabe lo que pasó ahí, no funcionó y la feliz pareja regresó no muy contenta y con el rabo entre las patas.

Eventualmente parecieron enloquecer con el marido. Escuché que hubo muchos gritos, perros chillando e incluso algunos golpes. Hasta que un día, el médico hizo sus maletas y regresó a la casa de Ariana; ella ya había regresado de la gran revolución, y él se instaló amargado aunque resignado y decidido a escribir ese libro que finalmente terminó y se auto editó, pero que difícilmente sería capaz de vender, todo sobre Nicaragua, el imperialismo y la Revolución. Lo publicó en Tijuana con la ayuda de un misterioso médico amigo que vive o vivía allí. Sin embargo, ¿cómo se podría comercializar el libro incluso en la única librería buena de Tijuana, y mucho menos en la Ciudad de México, Managua o cualquier otro lugar donde pudiera haber el más mínimo interés sobre el mismo? El respetado médico podría inducir a algunos exalumnos, clientes y pacientes de Ensenada a comprar el libro, no obstante, había montones de libros en los estantes de su librería, ¿y quién sabe qué les pasó? La verdad es que sí me enteré de lo que pasaba con esos libros, como luego me enteré de muchas cosas que no entendía en esos días en Ensenada para entonces.

¿Cómo se puede explicar el impacto que alguien tiene en tu vida? Desde que comencé a vivir con Lena, íbamos con Silvio al otro lado de la frontera, con la mayor frecuencia posible, para visitar a Ariana en

Ensenada. Casi todos los viajes involucraban tiempo con el hermano de Ariana, Jorge Manuel. Al principio, la relación fue bastante fría. Lena tenía algo en su contra, algo, no abuso sino alguna falta de bondad o alguna desconsideración cometida contra ella en su adolescencia, de modo que por mucho que apreciara su política y sabiduría, algo en ella se contenía. No tenía esta historia, pero era gringo y judío, razón suficiente para que él me tratara con la mayor distancia. Por otro lado, mi creciente interés por el marxismo y la revolución, mi disposición a hacerle preguntas y debatir con él o simplemente escucharlo durante horas, bastaron para que poco a poco me lo ganara mientras hablábamos hasta bien entrada la noche sobre somocismo, sandinismo y la marea revolucionaria internacional.

Pronto me di cuenta de que había peleado en la región de Boca y en Nicaragua a principios de la década de 1960. Dijo que había estudiado y entendí que tal vez se había entrenado en Rusia durante más de un año y que también había realizado una visita no turística a Cuba, y alguien (no recuerdo quién) rumoreaba que era un espía soviético designado de alguna manera por Carlos Fonseca Amador, o el propio Khruschev, para coordinar los asuntos sandinistas e internacionales más amplios a lo largo de la zona fronteriza que se extiende desde Ciudad Juárez hasta Tijuana, incluida su aparentemente improbable base de operaciones en Ensenada. Y yo sabía también que se le atribuía el mérito de haber reclutado a Víctor Tirado, que iba a emerger como el único mexicano entre los nueve comandantes de la Revolución, aunque quizás a través de sus contactos en Tijuana y no de Ensenada. También sabía que Tirado podía haber sido ayudante de Camarero, pero ya era miembro del Partido Comunista Mexicano cuando Jorge Manuel lo reclutó para el FSLN.

Todo lo que aprendí de mi nuevo tío me llevó a admirarlo y verlo como mi propio guía, incluso como padre en la revolución. Por supuesto, la mía no fue una admiración ciega. Estaba acostumbrado a los revolucionarios barbudos y delgados, mientras que Jorge Manuel era un hombre corpulento, barrigón, con un corte de pelo y bigote estalinianos, lo que planteaba dudas sobre sus actitudes y valores últimos. De hecho, cultivó las convicciones estalinistas. Él arremetió contra los trotskistas, maoístas y otros revisionistas. Habló de cómo

Stalin había salvado a la Unión Soviética, al comunismo y al mundo, pese a que millones habían tenido que morir en el proceso. Defendió los juicios de purga como parte de la lucha contra los elementos burgueses judíos sionistas o criptojudíos que pretendían destruir al partido bolchevique desde adentro. Defendió el pacto Stalin-Hitler como el camino necesario para darle a la Madre Rusia tiempo para ganar la guerra y organizar una sociedad justa a largo plazo. Señaló cómo los rusos habían salvado a millones de judíos más de morir en los campos, aunque fueran recompensados con una agresión judía impensable contra "nuestros hermanos palestinos". Ahora la lucha de Vietnam y los levantamientos en toda América Latina (la Revolución Cubana seguramente, la reciente revuelta en la Ciudad de México aunque reprimida y, por supuesto, el surgimiento de Allende y la Unidad Popular en Chile), fueron el preludio de las revoluciones emergentes en Nicaragua y en poco tiempo, de toda América Central y del Sur. Jorge Manuel habló de su participación como médico y revolucionario (otro Che) a principios de la década de los sesenta cuando se formó el FSLN; habló de la necesidad de una línea dura en Nicaragua, de cómo la brillantez de Carlos Fonseca se derivó de su uso del ícono nacionalista de Sandino como el frente de la visión marxista-leninista de la revolución.

—Cuidado con los que hablan del marxismo sin Lenin, con los que intentan separar a Lenin y a Stalin como si hubiera diferencias fundamentales entre ellos.

Nos advirtió incluso de nuestros profesores marxistas y se escandalizó genuinamente cuando hablamos de haber invitado a Herbert Marcuse a una sesión de nuestro grupo de estudio marxista en la universidad.

—No dejes que estas personas que hablan de revoluciones sexuales y culturales (cosas buenas, por supuesto, a largo plazo) te desvíen de la tarea principal de construir el socialismo en nuestro tiempo.

Fui el discípulo entusiasta de todos estos discursos, aunque tomé al menos algunos de ellos con más de un grano de sal. Incluso oculté algunas de mis dudas porque tenía muchas ganas de escucharlo hablar y al menos darnos su opinión, o tal vez resolver, las muchas interrogantes que teníamos ante nosotros. Mi objetivo era aprender todo lo que él tenía que enseñar, incluso mientras seguía mi propia línea de crítica marxista académica, habiendo estudiado la escuela de Frankfurt, Sartre y Goldmann con profesores marxistas de renombre. Todo esto se oponía a las discusiones y debates que se desarrollaban a unas sesenta millas al sur de la frontera, principalmente en la destartalada casa de madera de una calle sin pavimentar del barrio sin agua de Piedras Negras, en Ensenada, Baja California.

3.

Todas las lecciones de Jorge Manuel surgieron en sus muchas visitas para el almuerzo o la cena. Ariana siempre cocinaba lo suficiente para que él tuviera comida si llegaba. Ella siempre tenía una cama preparada para él si decidía quedarse a pasar la noche. Durante un verano, se quedó varias veces, una indicación segura de que había problemas en casa, que su esposa estaba cansada de que él usara la mayor parte de su gran reserva de energía y dinero para fomentar el marxismo y el sandinismo en este tranquilo pueblo de pescadores tan cerca de la frontera y tan lejos de Nicaragua. Ariana a veces se ponía del lado de la esposa.

—Quiere dinero para enviar a su hija a una buena escuela. Quiere que su hijo Pepe tenga un buen programa de tratamiento porque le pasa algo, no está del todo bien. Y aquí está Jorge Manuel —prosiguió—. Tiene sus casos psiquiátricos, tiene su trabajo en la prepa y tiene una librería, y nada de eso le aporta la mitad del dinero que podría aportar con una práctica médica regular.

Luego llegaba a admitir que, a pesar de su purismo marxista-leninista, también gastaba mucho dinero en noches locas en El Gran Chaparral o en fiestas lascivas con prostitutas en distintos hoteles de la zona.

Llegó el punto en que Jorge Manuel estaba allí en la casa casi siempre que veníamos al pueblo, y parecía estar viviendo más allí que en cualquier otro lugar. Fue entonces cuando me percaté de lo que Lena ya sabía: que la casa de Ariana era un refugio para los sandinistas que viajaban entre la Ciudad de México y California. Fue un escondite para los sandinistas en el cordero, fue incluso un punto de reclutamiento sandinista. ¿Cuántas veces vinieron a la casa personas que nunca conocí para una reunión y luego Jorge Manuel anunció que los llevaría a Tijuana para tomar un avión a D.F.? ¿Cuántas veces Herbie Lepides, el judío nicaragüense, pasó una o dos noches en la casa en un viaje desde Los Ángeles donde trabajaba en una fábrica, y de alguna manera transportó información, dinero y quién sabía qué más a Ensenada donde, unos días más tarde, alguien de la Ciudad de México llegaría para transmitir lo que Herbie trajera a DF y luego probablemente a Nicaragua? Herbie era un huésped cada dos semanas, como lo era Jorge Manuel, a quienes una comida y una cama los esperaban. Y luego no solo Jorge Manuel, también Herbie se unió a las conversaciones, aunque para él solo existía Nicaragua, sin apenas una palabra sobre el mundo más allá, como si ser judío significara impulsar su nacionalismo nicaragüense más que nadie, para demostrar que su verdadero amor era Nicaragüita y no el hogar sionista de nuestra tribu mutua.

En la primavera de 1972, pocos meses después del terremoto, las visitas de Herbie se hicieron más frecuentes, y más de una vez fui a Tijuana con Jorge Manuel para conectarme con él en el estacionamiento de un club nocturno al sur de la ciudad para transferir todos o la mitad de los paquetes marcados con suministros médicos y libros que tenía en el baúl, mientras Herbie regresaba al otro lado de la frontera en primer lugar, de lo contrario lo llevaría Jorge Manuel en su automóvil mientras yo conducía el de Jorge Manuel por el camino viejo a Ensenada, sabiendo casi con certeza que en ambos casos lo que llevábamos eran en realidad armas y municiones.

Efectivamente, una noche recibimos una llamada del amigo de Tijuana de Jorge Manuel diciendo que habían atrapado a Herbie con armas justo después de que cruzó la frontera y que ahora estaba en la infame cárcel de TJ. Cuando llegamos a la ciudad fronteriza, el amigo de Jorge Manuel había logrado rescatar a Herbie. No me preguntes cómo.

Nos encontramos con Herbie en el restaurante Sanborns de la Avenida Revolución, justo después del frontón de Jai Alai, y Jorge Manuel lo reprendió de inmediato.

—Este envío no fue autorizado; nadie despejó el camino.

—Lo sé —respondió Herbie—, pero llegó la oportunidad y

la ventana era pequeña. Intenté hacer llamadas una y otra vez, pero nadie respondió. Ahora sé que estaba equivocado, pero traté de hacerlo de todos modos por temor a que lo perdiéramos todo. … Es que la revolución exige nuestros riesgos y sacrificios —dijo—. El terremoto nos está dando la oportunidad que queríamos. Los despojos somocistas los están estropeando.

—Sí, sí —dijo Jorge Manuel con alguna cansada impaciencia—. Y mientras tanto, tu acción puede costarnos dinero y algo peor, puede hacer que perdamos nuestra conexión fronteriza; puede costarle a la Revolución más de lo que usted y yo podamos imaginar.

Nos dirigimos a Ensenada y unos días después llegó a la casa una joven Nica enviada desde la Ciudad de México que claramente tenía cierta autoridad, incluso sobre un veterano mayor como Jorge Manuel. No estaba al tanto de sus conversaciones pero Ariana nos dio una pista.

—Es la hermana menor de uno de los comandantes de Fonseca, Bayardo Arce, un tipo lleno de sí mismo, pero tenemos que mostrarle respeto de todos modos porque es del comité central —dijo—. Ha venido a sacar a Herbie de los cargos, le dijo a Jorge Manuel que después de lo ocurrido, Herbie estaría fuera porque es demasiado nervioso e impredecible, demasiado impulsivo, sin sentido de disciplina ni proporción.

Deduje que Jorge Manuel estaba defendiendo a su amigo judío, que difícilmente se escaparía, pero la decisión ya estaba tomada. La joven Nica era arrogante y con menos perspectiva que la mayoría de nosotros. Apenas me dijo nada, excepto que esperaba que siguiéramos apoyando a los sandinistas. Le aseguramos que lo haríamos y luego se fue. Unos días después, Ariana le preparó unos sándwiches a Herbie porque aparentemente estaba libre para regresar a Los Ángeles.

—Parece que ya no vendré aquí —me dijo con tristeza—. Pero visítame cuando vengas a San Diego. Seguiré trabajando para liberar a Nicaragua, esté aquí o allá.

Prometí que nos mantendríamos en contacto; se despidió de todos, Jorge Manuel le dio un gran abrazo y se fue.

4.

Durante el verano, apareció una nueva figura en escena: el Nica más alto que había visto en mi vida, un joven revolucionario apuesto, de tal vez 24 años, llamado Noel (aunque entendíamos que era un nombre en clave sandinista). Acababa de regresar de París, donde había tomado clases, según nos dijo, con Louis Althusser, una de las grandes figuras marxistas de la época, un antihumanista, antihegeliano y quizás el apologista más sofisticado que Stalin y el PC hayan tenido (coronó su carrera matando a su esposa, si eso nos dice algo). Lena y yo pasamos horas con Noel paseando por Ensenada, salimos a Playa Estero y al orificio de la Bufadora. Había leído los mismos libros que estábamos leyendo para que pudiéramos hablar de marxismo, y todas las teorías de Althusser día y noche en cafeterías, taquerías e incluso en algunos bares, así como en el pequeño apartamento que habíamos construido contra la pared de la casa de Ariana, donde teníamos nuestra propia cocina, dormitorio y sala de estar.

A las diez de la noche, Jorge Manuel se reunía con nosotros para debatir a gran escala sobre el movimiento socialista mundial, los crecientes peligros en Chile y, por supuesto, la revolución marxista nicaragüense con su fachada nacionalista. La charla se volvía realmente intensa cuando Jorge Manuel defendía la línea central del enfoque de Fonseca hacia la revolución, mientras que Noel argumentaba que no podíamos caer en el kautskismo, que no podíamos esperar a que las condiciones maduraran, debíamos madurarlas a través de acciones dirigidas a los eslabones más débiles del sistema. De ida y vuelta discutieron, mientras Noel atacaba a su amigo mayor por apegarse a posiciones anticuadas y poco científicas que no tomaban en cuenta todas las dinámicas althusserianas de sobre determinación, desplazamiento, condensación y "la última instancia" que conducen lógicamente a la posibilidad de fisuras y saltos en el ámbito político, ideológico o cultural de una formación social.

Sin embargo, en medio de su althusserianismo, Noel traicionó algún rastro de persistente humanismo marxista, argumentando que Stalin había traicionado a la revolución y a la clase trabajadora, que los sandinistas tenían que mantener su conexión orgánica con los trabajadores incluso mientras trabajaban a través de las contradicciones

planteadas por un campesinado tradicional, las diferencias étnicas y
políticas que representan las poblaciones indígenas y afrocaribeñas.
Para Jorge Manuel, estos asuntos tenían que ser tratados como lo
hizo Stalin, viéndolos como superestructuras a ser destruidas por la
victoria en la lucha de clases, y no dejar que la revolución fracasara por
preocupaciones burguesas de humanismo, respeto por las diferencias
étnicas y cosas por el estilo. No se podía jugar con algunos de estos
problemas, había que afrontarlos de frente.

—Stalin sabía que no se puede hacer un revoltillo sin romper
huevos —dijo enfáticamente.

En ese momento, surgió una situación que puso a prueba sus
puntos de vista, cuando Noel se dio cuenta de que Rodolfo, o Dolfi,
el primo de Lena a quien habíamos hospedado en la casa de Ariana
unos meses antes porque no logró adaptarse a la vida en San Diego,
era miembro del MAP. (Movimiento de Acción Popular-Marxista-
Leninista), un grupo que había roto con los sandinistas algún tiempo
antes. Es más, Noel se dio cuenta de que Dolfi conocía la naturaleza del
lugar donde se hospedaba.

Noel irrumpió en nuestro apartamento donde estábamos
hablando con Jorge Manuel y, efectivamente, estalló una gran disputa.

—Le hablaste de la casa, ¿verdad? ¡Y no te molestaste en
averiguar quién era! Pertenece al MAP y ahora sabe qué es esta casa, ¡y
hasta sabe quién soy yo!

Inmediatamente entré en un estado de semi-shock porque de
repente me di cuenta de que Dolfi y su hermano mayor, Rafael, me
habían engañado para que pensara que el MAP era parte del FSLN.
Aquí había estado arriesgando mi vida, transportando armas y compas
clandestinos de un extremo a otro de Managua, todo para un grupo
que pensaba que era una cosa cuando era otra. Y, sin embargo, a pesar
de lo indiferente que estaba por el engaño que me infligieron, de alguna
manera no podía culpar a Dolfi, que acababa de pasar la adolescencia
y siempre me había tratado con afecto: era un joven dulce y siempre
silencioso que había seguido ciegamente el ejemplo de su hermano.

Por otro lado, me sorprendió que Jorge Manuel no se hubiera
dado cuenta de la afiliación al MAP de Dolfi, pensando que lo avalamos
implícitamente, viéndolo, supongo, como una especie de pariente

genérico anti-somocista, y de alguna manera haciéndole saber las cosas que no debería saber. Ahora, frente a Noel, permaneció en total silencio y probablemente algo avergonzado por haber sido tan descuidado.

—No hay nombre para esto —continuó Noel—. Podrías estar firmando mi sentencia de muerte. Sabías que me estaba preparando para una misión y le dijiste a este enemigo todo lo que necesitaba saber.

—Lo siento, tienes razón, la cagué —dijo Jorge Manuel—. Pero no exageres el problema. Es un buen chico simplemente bajo la mala influencia. Estoy seguro de que puedo convencerlo de que se quede callado.

Si es un chico tan condenadamente bueno, sentirá la obligación de decírselo a sus camaradas. ¿No ves dónde nos pone eso?

—Estoy seguro de que podemos encontrar una manera.

—Mira, Jorge Manuel, tú y yo sabemos que solo hay una manera de lidiar con esto: tiene que ser eliminado.

Sentí que me ponía rígido ahora al mirar a estos dos hombres a los que había llegado a admirar.

—¡Vamos, Noel, no te vayas a los extremos aquí! ¡Esto es un problema, no una crisis!

—¡No es una crisis! Sabes que mi vida y la de nuestros compañeros pueden estar en juego, tal vez toda la revolución.

—¿Entonces deberíamos sacarlo afuera y matarlo?

—¡Noel! —grité—. Es solo un niño, podemos resolver esto...

—Manténgase fuera de esto —dijo con desprecio pero pude notar que se calmaba un poco—. No sé cómo pudiste hacer esto, eres un modelo para toda mi generación. Te has ablandado aquí en México, eso es. Te has vuelto demasiado gordo y próspero hablando de trivialidades estalinistas, pero estás fuera de contacto con todo lo que está en juego aquí. Por eso defendiste tanto a Herbie, tanto que la hermana de Bayardo tuvo que venir aquí, para ver si estabas dispuesto a protegerme a mí y a mi misión. Y ahora esto. Los lazos familiares y el movimiento está en peligro.

Luego guardó silencio, su perorata terminada, su ira e indignación algo satisfechas por sus duras palabras. Los observé, y todo lo que pude ver fue el tipo de ironía que encontramos en los textos literarios: el viejo estalinista defendiendo a un pariente, el nuevo izquierdista pidiendo sangre a gritos. ¿Y cómo es posible que ambos permitan que tipos burgueses tan endebles como Lena y yo escuchemos todo esto? ¿Por qué tuvo lugar esta discusión en nuestro territorio? Tal vez porque Lena y yo habíamos invitado a Dolfi sin pensarlo o ilusos, o tal vez porque realmente necesitaban nuestra presencia para evitar que llevaran a cabo las acciones extremas que el althusserianismo de Noel podría requerir que hicieran. Finalmente, los dos revolucionarios llegaron a un compromiso: a Dolfi se le advertiría que guardara silencio, se le diría que saliera de la casa y se fuera con Noel a la Ciudad de México, donde se reuniría con los líderes del FSLN y se moriría de miedo con advertencias de lo que pudiera suceder a él y a su familia si existiera siquiera la sospecha de que habló con su grupo. Mientras tanto la casa de Ariana dejaría de cumplir su función, y el propio Noel aceleraría su plan de acción, saldría de Ciudad de México casi nada más llegar y cruzando a Nicaragua desde Honduras a la primera oportunidad.

Así se hizo. Hablamos con Dolfi y le dijimos que era culpa nuestra que estuviera aquí y que nunca debía contarle a nadie a quién o qué vio o aprendió aquí. Noel también habló con él y organizó sus pasajes de avión a la capital. Ariana, Lena y yo nos despedimos de Dolfi y de Noel, y luego Jorge Manuel y yo los llevamos al aeropuerto de TJ y los despedimos. Fui con Jorge Manuel a visitar a su médico colaborador (estaba fuera del Parque Libertad, pero yo no tenía ni idea de lo que discutían y simplemente esperé hasta que regresó al auto; y luego regresamos casi en silencio a Ensenada.

—¿Ves lo fácil que es cometer errores? — dijo—. Solo espero que ambos regresen vivos a Managua.

5.

En 1974 escuchamos cómo un personaje llamado Comandante Zero se había apoderado de la casa de un rico colombiano en Managua y logró la liberación de varios presos sandinistas. Esta acción pareció ir en contra de los métodos estratégicos de Fonseca y los de su grupo, la Guerra Popular y Prolongada –Guerra Popular y Larga (GPP); y de hecho, la acción pudo haber llevado a la escisión del FSLN en tres tendencias: GGP, Proletaria y Tercerista o Insurreccionista. Eso fue lo que me dijeron algunas personas, aunque no estoy seguro. Mientras tanto, Carlos Fonseca fue asesinado el 7 de noviembre de 1976 y el Comandante Zero dos días después.

Descubrimos que su verdadero nombre era Eduardo Contreras, aunque en Ensenada se llamaba Noel. En cuanto a Dolfi, regresó a Managua y no está claro si habló o no; pero hay algunos indicios de que no lo hizo porque vivió para luchar junto con su grupo en las batallas de 1978-79. Para disgusto de Jorge Manuel, Víctor Tirado dejó el GPP y se unió a Daniel y Humberto Ortega en la dirección de los terceristas. Por su parte, Jorge Manuel se había mudado con la mujer machista con fusil y el marido pasivo, un funcionario de aduanas del que se rumoreaba que estaba usando su cargo para dejar fluir las cosas entre Ensenada y Nicaragua, también se rumoreaba que era bastante gay.

Está bien dejar que un médico notable aplique tratamientos curativos a su vivaz y lujuriosa esposa.

Cuando llegó la revolución en 1979, Jorge Manuel se dirigió a Managua con su Adelita, y alquilaron un gran rancho en las afueras del pueblo. Casi de inmediato, como operativo sandinista desde hace mucho tiempo, fue asignado a un trabajo en el Ministerio de Relaciones Exteriores. Probablemente con la ayuda de Víctor Tirado, incluso fue designado por un corto tiempo como embajador en Cuba, pero su historia previa pudo haber hecho que su nombramiento fuera una provocación significativa para la CIA incluso bajo Carter, y probablemente también comenzó a arrojar su peso. Cualquiera que sea la razón, pronto lo llamaron y lo reasignaron a un pequeño escritorio miserable en el Ministerio de Relaciones Exteriores que presumiblemente había dejado atrás. Allí, al parecer, sus vínculos con el GPP pudieron implicar que ocupara un puesto mucho menos significativo de lo que su experiencia, habilidades y largos años de leal servicio le hubieran justificado. Por supuesto, también existía la posibilidad de que su puesto menor se debiera a algún error en relación con la misión de Noel. Pero el propio Jorge Manuel creía que su estatus y, sobre todo, la forma servil que lo trataron en su oficina se debía a la diferencia de edad y experiencia de los niños más pequeños que realmente lucharon en la insurrección final. Pudo, de igual manera, haber sido el resultado de haberse relacionado con Tirado y elementos mexicanos algo ajenos dentro del proceso sandinista. Un día, después de muchos desaires, decidió relacionarse con sus compañeros de oficina.

—¿Por qué, con toda mi experiencia y servicio desde los años cincuenta hasta el día de hoy, me tratas con tan poco respeto? —cuestionó.

Luego de las inevitables negaciones, un compañero dijo:

—¡Estuviste mucho tiempo fuera del país, no peleaste en la guerra, hablas como un mexicano!

—¡Chingado, soy Nica! —respondió lleno de furia confirmando lo dicho.

Algunos meses después quedó claro que no tenía ningún papel importante que desempeñar. El glamour desapareció para la novia y estaban bebiendo demasiado. Por tales motivos regresaron a México, desencantados por toda la experiencia de la revolución.

Jorge Manuel insistió en que regresaría a Nicaragua, pero en cambio se instaló en la casa de la novia, echó al esposo y compró dos perros feroces para mantener a todos a raya. Miserable por su regreso, comenzó a pelear con ella y finalmente se mudó a la casa de Ariana, retomando su práctica lo mejor que pudo y pasando su tiempo libre escribiendo su libro sobre el sandinismo y la lucha anti-imperialista. Sin embargo, tuvo que retornar al placer y sentido del éxito para escribir el libro, del cual pudo vender poquísimas copias antes de que su librería se fuera a la quiebra.

Mi propio matrimonio quebró en 1980, antes de que la revolución cumpliera un año. Al regresar a Ensenada en el verano de 1983, visité la casa brevemente y dormí en el pequeño departamento que habíamos construido unos años antes. Cené con Ariana y Jorge Manuel y hablamos con pesar sobre el fin del matrimonio y nuestras decepciones con la revolución. Ahora vivía lejos de la frontera y sentí la necesidad de explorar la ciudad esa noche.

—Tengan cuidado ahí fuera —dijo Jorge Manuel luego de rechazar mi sugerencia de que saliera conmigo—. Ensenada no es lo mismo cuando estás soltero —estimó.

Fue entonces cuando me invitó a pasar a su dormitorio.

—Aquí descanso y pienso en el pasado —me dijo con una gran tristeza en su voz—. A veces leo mi libro con orgullo —dijo entregándome una copia que ya me había dedicado—. Mira —dijo levantando el borde de su manta—, ¿notas cómo el libro nos apunta a mi cama y a mí?

Por cierto, pude ver que el colchón descansaba sobre montones de libros que no pudo vender, libros que representaban tantos sueños socialistas y antimperialistas que ahora servían como base de su cama y encontraban su finalidad después todo.

—Tal vez aquí es donde voy a morir, junto a las copias de mi libro —dijo riendo—, o tal vez intente volver a Managua el año que viene.

Unos años después, recibí la noticia de que Herbie Lepides, quien había servido cinco años como alcalde de Managua, había muerto justo cuando él y su nuevo partido anti-Ortega estaban acelerando su campaña por la presidencia de Nicaragua. Durante el verano de 2011, un colega nicaragüense insinuó que Herbie había sido ofendido por partidarios de Ortega para evitar que representara una amenaza en las elecciones. Mucho antes, Víctor Tirado había renunciado al FSLN y se unió a otros que luchaban por hacer un nuevo partido; nunca regresó a Baja California. Ahora se rumoreaba que Eduardo Contreras, nuestro amigo Noel, tal vez había sido asesinado por el GPP por acciones que proporcionaron las bases teóricas para los terceristas en primer lugar. Jorge Manuel no fue asesinado, pero nunca regresó a Managua y vivió sus días frustrado, me dijeron, pensando en todo lo que pudo haber hecho para luchar contra todo lo que destruyó la Revolución desde adentro. De alguna manera me enteré de que había muerto de un infarto en su no tan querida Ensenada. El doctor Google hace una considerable referencia a su relación con Tirado y, sobre todo, a la afirmación (incluso publicada en *The Wall Street Journal*) de que era un operativo soviético que trabajaba en la frontera tanto para el PC como para el FSLN. También hay una versión que niega enfáticamente dicha acusación. Recientemente recibí noticia de que Felipe, hermano abogado de Jorge Manuel, había fallecido y recibió mucho elogio por su propia lucha legal en contra del somocismo.

En todo lo que pude encontrar, solo vi con una referencia débil y ambigua a su libro. Parece que enterraron los ejemplares para que le sirvieran de cama en la tumba como le habían servido en su dormitorio del barrio Ensenada de Piedras Negras.

Ariana

Carlos Barberena. Revolución y venta 2010.

1.

Ariana Quijana, la madre de mi segunda esposa, era una mujer corpulenta y robusta, de mejillas y rostro redondos, brazos y muslos gordos, barrigona; le encantaba cocinar y comer demasiado, además amaba hablar sobre sus altibajos existenciales. Llegué a pensar que me creía incapaz de entender las historias que me contaba ya que se esforzaba por darme ejemplos, aun así el sentido de algunas de sus anécdotas no se alejaban del misterio, al menos para mí. Sin embargo, de alguna manera su vida me enseñó más de lo que imaginé.

—Mira, hijito, hijo mío —me dijo una vez—, dejé a mi esposo alcohólico y me fui con mi madre y mi hija a la Ciudad de México, donde instalé una pensión para exiliados centroamericanos y algunos disidentes y revoltosos, disidentes y rebeldes que estaban de paso. A lo largo de los años, probablemente casi todos los principales revolucionarios latinoamericanos que llegaron a México pasaron por mis puertas, algunos de ellos simplemente se quedaron la tarde y la noche; otros se quedaron durante semanas o meses. Allí se quedó don Edelberto Torres, padre de los revolucionarios centroamericanos; también lo hicieron Marco Antonio, Yon Sosa, Roque Dalton, Silvio Fonseca Amador, Tomás Borge y la lista sigue. Un médico argentino barbudo vino una noche para una reunión y un cubano barbudo apareció un poco más tarde. Mi hermano Jorge Manuel y otros antisomocistas salieron de esa casa camino a pelear contra los Somoza en el Bocay y quién sabe dónde más. Quién sabe cuántas conspiraciones se urdieron ante nuestras narices, cuántas conspiraciones se tramaron y se llevaron a cabo en esos días. Después de un tiempo, todo fue cuesta abajo, cuando Jorge Manuel regresó a la ciudad con su hermana Nanda, quien también llevó a su madre y a su hijo Raimundo a la pensión de Ariana. Muy pronto, Jorge Manuel, ya convertido en médico, de alguna manera recibió una oferta para ocupar un puesto en un hospital y en una práctica privada en Ensenada, Baja California; y así dejó D.F. con Nanda y Raimundo, para establecer una nueva vida en ese pueblo pesquero costero tan lejos del capital de México y Dios, y tan cerca del Tío Sam. En cuanto a mí, me quedé durante algunos años, luchando por mantener las sábanas limpias, preparar la comida, cuidar de mi madre, cuyas luces se estaban apagando en la ciudad, y mantener a mi hija alejada de los internos hambrientos de sexo, incluidos algunos de los revolucionarios menos comprometidos, que estaban ansiosos por ayudar con su educación. Por supuesto, todavía yo era lo suficientemente joven y tuve mi aventura ocasional, y es cierto que tuve una larga con un jugador de béisbol que me quería para él y me presionó, así que envié a Lena de regreso a Nicaragua y ella se resintió conmigo, por eso quedé en deuda con ella de por vida. Tal vez cometí un error con ella, pero me aseguré de que obtuviera la mejor educación, y estaba yendo muy bien en la UNAM, aunque, probablemente para fastidiarme, se casó con un estudiante de medicina y luego con otro, tuvo un hijo con cada uno, y dejó los estudios universitarios a sus espaldas, siguió al marido estudiante de medicina # 2 hasta su servicio rural en Michoacán, donde permaneció hasta que Jorge Manuel finalmente lo instaló en el hospital de Ensenada. Y así, con todos ellos instalados allí, traje a mi madre conmigo para compartir un hogar con Nanda.

Una vez en Ensenada, Ariana abrió una tienda de ropa infantil con Nanda, y mucho antes de que yo la conociera, había desarrollado un sistema de compra de ropa a un dólar en San Diego, vendía lo que pudiera en Ensenada y llenaba más de unas pocas maletas con ropa interior fina que llevaría a la Ciudad de México donde los vendía y pasaba varios días visitando amigos y algunos lugares antes de regresar a Ensenada.

Mientras tanto, al pasar de los años, su hija se cansó de enseñar en la escuela y de estar casada, y hacer el largo viaje de ida y vuelta. Decidió cruzar la frontera desde Ensenada a La Jolla para tomar clases en la Universidad de California, y finalmente decidió mudarse al otro lado de la frontera con sus hijos, con Ariana y su segundo esposo, Rolando. Eventualmente se separaron y él se volvió loco, la acechaba, fue capaz de poner azúcar en su tanque de gasolina y de secuestrar a su hijo, Dino, llevándolo al otro lado de la frontera en su camino de regreso a Nicaragua.

2.

Solo unos días después entré en escena y a medida que mi relación con Lena se profundizó, me relacioné más y más con Ariana hasta el punto que llegué a verla como una segunda madre, tanto que quizás por un tiempo superaba mi relación con mi madre biológica. Lo que más me acercaba a ella era su alegría de vivir: sus bromas, su cocina y, sobre todo, su amor incondicional por Silvio, el hijo mayor de Lena, que de repente se había convertido en un hijo único desamparado y a quien cada vez más llegaba a ver como mi hijo.

Con el tiempo, llegó el punto de que a veces viajaba con ella y mi nueva familia a Ciudad de México para ayudar a llevar maletas de ropa interior de mujer y vivir de las ganancias con las que pagábamos nuestro hotel, comida y otros gastos.

Puedo recordar el viaje en autobús desde Tijuana, el viaje por la Rumorosa a Mexicali, la caminata a Sonoita, donde todo fue inspeccionado y donde Ariana tuvo que encantar, engatusar y, a veces, sobornar cuidadosamente a los guardias fronterizos. Siempre salía victoriosa. Iban al mismo hotel y compartían la misma habitación pequeña, comían el bistec con papas fritas —la loncha de bistec con patatas fritas— que tanto le gustaba a Silvio en el pequeño comedor del vestíbulo. Silvio y yo seguíamos a Ariana por las calles que iban de Bellas Artes al Zócalo donde vendía su ropa interior; y luego podíamos descansar, ese día y por el resto de nuestro tiempo en la gran ciudad comíamos tacos subsidiados por ropa interior. A veces Jorge Manuel aparecía en la ciudad y compartía la misma habitación pequeña, por lo que el sueño estaba fuera de discusión, ya que parecía rebotar en una pared y en la siguiente mientras el dúo hermano-hermana con sobrepeso me cantaba sus enormes ronquidos a lo largo de una noche infernal.

Nunca olvidaré, sobre todo una noche, cuando nos enteramos de que el ex marido 2 venía a Ciudad de México desde Managua, y nos apresuramos a encontrarnos con él en el aeropuerto. Ariana estaba dispuesta a sorprenderlo con un gran abrazo de Judas, así yo sabría que era él y podría golpear al bastardo para exigirle que le devolviera el hijo de Lena. Salieron los pasajeros, primero dos, luego cuatro y luego casi todos, hasta que finalmente uno entró por la puerta a quien Ariana vio y se apresuró a abrazar.

Esa fue la señal, rápidamente entré en acción preparado para saltar sobre él, levanté mi puño para acribillarlo, cuando Ariana gritó:

—¡No, Mel! Este es mi amigo Julio. ¡No es Rolando!

Ciertamente tuvimos nuestras aventuras y desventuras. Eventualmente Ariana tomaría sus ganancias e invertiría en algunos artículos especiales para traer de regreso a su tienda en Ensenada, por lo que fue la misma ruta de regreso por Sonoita, con la misma rutina que teníamos antes, por lo que durante algunos años, tenía una economía privada que funcionaba tan bien como el *Triangular Trade*.

3.

—Pero la verdad, hijito, hijo mío, es que durante todo ese tiempo en Ensenada, nuestro principal problema fue mantener a nuestra madre, incluso cuando se estaba desmoronando. Cada vez que el autobús pasaba por la casa en su camino hacia el centro, ella salía corriendo por la puerta porque pensaba que era la camioneta que iba hacia Chinandega donde enseñaba en una escuela cerca de Corinto o León. Cada vez que pasaba un perro, lo alimentaba de los platos de los que comíamos. Todos los días tenía que bañarla, peinarle el pelo largo y canoso y alimentarla antes de ir a relevar a Nanda en la tienda. Luego, cuando Raimundo, el hijo de Nanda, se fue a vivir a San Diego, y peor aún, cuando se casó con esa chica de Ensenada, Marga, y se mudó a Los Ángeles, apenas podía vérsele a Nanda porque siempre estaba tratando de ayudar a la familia y yo tenía que cuidar de todo por mi cuenta en Ensenada. Solo pude ir a México cuando conseguí que Nanda bajara para hacerse cargo de la tienda y de nuestra madre. Luego, encima de eso, tuve que alimentar y albergar a Jorge Manuel cuando peleaba con su esposa, y tuve que cuidar a todos los sandinistas que pasaban por Ensenada de camino, al sur o al norte, como parte de su negocio revolucionario. Y lo tenía que hacer todo por Lena, hasta que se reuniera contigo y vivieran felices para siempre.

Por supuesto, este último pensamiento fue una cuestión de ironía o sarcasmo, porque la vida que vivimos era cualquier cosa menos un cuento de hadas.

4.

La de Ariana seguramente fue una vida ocupada, ya que cuidaba a su madre, esperaba a la burra (como llamaba al autobús que la llevaba a uno de los mejores mercados de pescado del mundo o al trabajo en su tienda) a menos que tuviera que esperar al camión de agua para llenar la pila o el tanque afuera de su casa, o esperar que le entregaran agua potable (contenedor por contenedor), cocinaba cantidades de arroz y frijoles para ser servidos con chilaquiles, enchiladas, su fabulosa sopa de pescado y, a veces, nacatamales nicaragüenses. Cocinaba para Silvio, para mí y para todos y cada uno de los que llegaban de pasada. Estoy convencido de que parte del dinero de sus grandes emprendimientos capitalistas se destinó a ayudar a los sandinistas visitantes, ya sea a comprar armas o mantener felices a sus esposas y novias. Considero que era una vida plena, una vida que llegué a respetar cada vez más a medida que admiraba y amaba a mi suegra loca.

Recuerdo a Ariana en los primeros días de mi mudanza con la familia, se burlaba de mi español pero me ayudaba a aprender más, siempre cariñosa con Silvio, quien había perdido a su hermano menor y a su padrastro y luchaba en su transición de ser el hijo de un médico en una escuela privada a ser un chicanito más perdido en la última fila de una escuela pública mediocre de San Diego. Ariana siempre estuvo presente para él, cocinaba todos sus platos favoritos, y lo llevaba a todas partes buscando hacer los días más llevaderos.

Luego, cuando nos mudamos a La Jolla, la vimos en nuestros frecuentes viajes y estancias al sur. Ella alojó a sandinistas el tiempo que estuvimos, los atendía a ellos, a su hermano y a todos nosotros. Cuando hicimos nuestro primer viaje a Europa, se hizo cargo de Silvio, lo cuidó durante un ataque de fiebre tifoidea. Cuando fuimos a Nicaragua en un intento inútil de reconquistar al hermano de Silvio, incluso mientras yo conducía revolucionarios y quién sabe a quién y qué más en Managua ese verano, ella retuvo el fuerte en Ensenada. De regreso a San Diego, trajimos al primo joven de Lena, Rodolfo o Dolfi como lo llamábamos, para aprender inglés y adquirir habilidades útiles para la revolución. Ariana trató de ayudarlo primero en San Diego, cocinaba y planchaba para él mientras asistía a clases, y luego, después de que él se retiró, puso en práctica sus habilidades de venta mientras me acompañaba para tratar de ganar dinero para la revolución vendiendo cosas a compradores locales y transfronterizos en la reunión de intercambio del sábado en *National City*. Luego, cuando ya no pudo soportar la vida al estilo estadounidense, cuando lo llevamos a vivir con ella en Piedras Negras, Ariana lo alojó y lo alimentó, le buscó trabajo y esperó a ver cuándo podía encontrar la manera de que regresara a Nicaragua.

Durante el terremoto de diciembre de 1972, se unió a nosotros y a su hermana Nanda en el bastión centroamericano de Los Ángeles conocido como *Echo Park*, mientras nosotros junto a muchos otros clasificábamos ropa para enviar a Nicaragua.

Ella estaba con nosotros cuando se estrelló el avión de Roberto Clemente y cuando Lena voló para encontrar a su hijo Dino sano y salvo, y no en ruinas cubiertas de cenizas, aunque sin grandes deseos de volver con ella.

Cuando fuimos a Europa para pasar el año en becas, ella se unió a nosotros en París y viajó con nosotros a Italia, al sur de Francia y luego a Madrid; marchó con nosotros en protesta contra el golpe de Estado en Chile, se quedó con nosotros hasta que nos instalamos y tratamos de lidiar con las duras costumbres franquistas de los madrileños pre-almodovareños de aquellos años. Recuerdo que un día fui con ella a una carnicería de un barrio muy concurrido donde la gente competía mientras gritaba por sus cortes de carne. No olvido que cuando finalmente le tocó el turno, practicando la humilde manera de preguntar que había aprendido en México, le dijo al carnicero:

—Perdóname, pero si ya no estás ocupado, me preguntaba si podrías hacerme el favor de…

Y el carnicero, con su impaciente cuchilla, le gritó:

—¡Coño!, ¿qué diablos quieres?

Ella inmediatamente se convirtió en Nica y al estilo nica, gritó:

—Mira, hijo de puta, ¿por qué no comes mierda?— y salió de la tienda. Fue después que nos dijo que tenía que regresar a Ensenada para cuidar a su madre. Y se fue.

5.

Cuando regresamos de Europa, trabajamos para terminar nuestras disertaciones y luego conseguimos trabajos en el Medio Oeste.

Hicimos lo que nunca soñé que haríamos: dejar atrás la frontera. Estaba tan lejos, en el frío de la zona y sin la presencia de Ariana, nuestro matrimonio comenzó a desmoronarse. Decidimos regresar a Ensenada el tiempo necesario para sanar y restablecer la relación. Cuando aparecimos con Silvio, junto con Jenny, su primer romance de la escuela secundaria, Ariana los trató a ambos como si fueran miembros de la realeza. Todavía recuerdo cómo nos estremecimos cuando el viento arrasó la casa porosa, por lo que los visitantes de la tundra de Minnesota (pero con buena calefacción central y aislamiento donde vivíamos) casi nos congelamos, hasta que Ariana sacó los calentadores de queroseno y pasamos las noches aguantando los vapores que impregnaban la casa y nuestros pulmones.

Con la revolución, dejamos nuestros trabajos y manejamos desde Minneapolis rumbo a Managua. Efectivamente, Ariana nos recibió en Ciudad de México y viajó con nosotros hasta llegar a la casa de su hermano, Felipe, en Managua, donde ella y Silvio se quedaron mientras nosotros nos hospedamos en casa de la tía Lola de Lena, en otra parte de la ciudad. Al tiempo volvió a Ensenada para cuidar de su madre, luego llegó Jorge Manuel, cuando regresó desilusionado con todo. Fue entonces cuando nos centramos en nosotros mismos, cuando después de nueve meses de lucha en Managua, regresamos una vez más.

Fue allí en Ensenada que le dije a Ariana que estaba en crisis con nuestro matrimonio porque sentía que ya no podía vivir sin una carrera en Minnesota y sabía que eso podría acabar con todo. Claramente había estado pensando en esto durante mucho tiempo, y dijo:

—Mira hijito, toda nuestra familia te ama y te respeta, y nunca olvidaremos cómo te convertiste en padre de Silvio. No obstante, has estado yendo al infierno durante años y Nicaragua no pareció ayudar. Así que ahora tienes que decidir, tienes que arriesgarte. Tienes que tener las pelotas, tienes que ser un hombre, tienes que cambiar tu vida o perderlo todo.

Eso es de hecho lo que sucedió cuando me mudé de nuestra casa en Minnesota, me fui a trabajar al campo de refugiados de Wisconsin Mariel y luego encontré un trabajo y, aunque me tomó tiempo, una nueva vida en Chicago.

¡Qué difícil fue verla en mis últimas visitas a Minnesota cuando el matrimonio llegaba a su fin! ¡Qué triste viajar por el país con Silvio para verla en Ensenada, ahora como el esposo separado y pronto divorciado de su hija! ¡Qué terrible también cuando el matrimonio terminó y mi ex ahora vivía en Managua! (¿Se había vuelto a casar ya?)

Tuve una breve aventura con una mujer en Los Ángeles que me llevó a Ensenada para hacer el amor y festejar, y luego me acompañó a visitar a Ariana. Allí estaba ella con Nanda, quien estaba de visita desde Los Ángeles. Compartimos algunas palabras tristes, pensando en el pasado, pero sin mencionar el fracaso matrimonial. Luego Ariana me llevó aparte y me dijo que ella y Nanda tenían que llegar a Los Ángeles por problemas en la casa de Raimundo.

—Tenemos que subir allí de inmediato —me dijo—, para ayudar a Raimundo con los niños.

Claramente necesitaban un pon y mi amiga angelina rápidamente accedió a llevarlos. Así que nos fuimos en su auto hasta el horrendo barrio donde el matrimonio de Raimundo aparentemente estaba contra las cuerdas. Apenas puedo recordar alguna conversación durante el viaje, excepto que Nanda y Ariana hablaron sobre lo triste que fue ver a la familia desmoronarse en los Estados Unidos.

—Primero tú y ahora Raimundo y su familia.

Todo lo que pude decir fue lo terrible que había sido la ruptura para mí, y que fue doloroso ver cómo Estados Unidos simplemente destrozaba familias. Luego caí en un ensueño porque reconocía que más que la distancia entre la frontera y la familia, había influenciado nuestra ruptura, y provocada, supongo, por algo que escuchó en mis palabras, Ariana finalmente exclamó:

—Siempre te amaremos, mi hijito, pero estamos muy orgullosos de mi hija porque es una comunista comprometida.

¿Ella creyó esas palabras? ¿Expresaban orgullo y tristeza, soledad, algo sobre mi política y la de ella y la de su hija? Esas fueron las últimas palabras que recuerdo que dijo, y se las conté a Lena cuando le escribí ofreciéndole palabras de condolencia al escuchar que el comer en exceso de Ariana había provocado una enfermedad que finalmente le costó la vida en 1985. Entiendo que Lena y Silvio tuvieron un momento dulce y amargo al recordarla mientras llevaban sus cenizas cremadas a esparcirlas en su ciudad natal de Chinandega, Nicaragua. En cuanto a mí, sentí su pérdida como parte de la muerte de mi mundo fronterizo.

Nanda

Carlos Barberena. Sandino sobre Los Angeles.

1.

De todos los hermanos, Nanda era la más oscura y menospreciada. También era la más alta. La llamaban Nanda para abreviar, tal vez porque era la hermana distinta que carecía de inteligencia, que nunca llegaría a nada. Parecía ser la menos amada, la que nunca tuvo un amante pero quedó embarazada fuera del matrimonio, la que había tenido un hijo bastardo, Raimundo, cuyo cabello era demasiado rizado y al que nadie quería reconocer pero debían porque en efecto, tanto Nanda como él, eran familia. Por supuesto que nadie la aceptaba, defendía y amaba más que su hermana mayor, Ariana, quien sentía su vida atada a ella, y quien casi siempre recorría el camino de su vida con su hermana, a veces liderando, a veces siguiendo, a veces yendo de par en par.

Fue Ariana quien se mudó por primera vez a Ciudad de México con madre e hija, pero fue Nanda quien partió primero, llevando a madre e hijo a Ensenada. Allí, con algo de apoyo de Jorge Manuel, pero principalmente de su otro hermano, Pablo, un mecánico de automóviles que residía desde hacía mucho tiempo en Los Ángeles, compró una casa con estructura de madera al estilo estadounidense y luego la trasladó y la ubicó en un terreno económico que había comprado en el polvoriento barrio de Piedras Negras. Al poco tiempo, Ariana fue a vivir con ella y comenzaron su tienda de ropa para niños en el centro.

Cuando Lena trajo a sus hijos a vivir a San Diego, Raimundo la acompañó y Ariana vino a ayudar. Después del secuestro, cuando Mel comenzó a visitar el apartamento de Lena, vio cómo Ariana ayudaba en todo. Poco a poco fue conociendo a Nanda, en los momentos en que ella encontraba a alguien que cuidara a la madre de las hermanas en Ensenada y subía a quedarse unos días con su hijo y su familia. Fue en una de esas visitas que Mel se dio cuenta de que Lena tenía quizás un vínculo más fuerte y menos conflictivo con su tía que con su madre. No fue Nanda quien la envió a pasar un año de su niñez con los familiares de su papá y presenciarlo morir agonizando en medio de la pobreza nicaragüense.

Cuando Mel y Lena se casaron, se mudaron a los apartamentos de posgrado en la universidad, y Ariana y Nanda regresaron más plenamente a su vida y trabajo en Ensenada. Raimundo luego se graduó de la escuela secundaria, pero sorprendió a todos al cruzar la frontera un fin de semana y regresar con Marga, su novia de la infancia y ahora su novia de Ensenada. La feliz pareja se fue a Los Ángeles, se hospedaron al principio con Pablo, que conocía todos los entresijos de la ciudad, y pronto consiguieron que su sobrino trabajara a tiempo parcial como aprendiz en el garaje de un amigo cerca del centro.

—Es un salario bajo pero es un comienzo —le dijo Pablo. Luego procedió a buscarles un departamento entre otros centroamericanos y mexicanos en Echo Park.

Al principio, todo parecía ir bastante bien, aunque el sueldo nunca subió ni siquiera como lo hicieron las horas requeridas. Luchando día a día, Raimundo pronto asumió trabajos adicionales como pintor, plomero y lo que fuera para apoyar a la creciente prole de niños que rápidamente bendijeron o maldijeron la unión de la pareja. Al principio, le pidió a Nanda que viniera y se mudara con ellos para que ella pudiera cuidar a los niños y obtener ingresos adicionales para la familia haciendo trabajo a destajo a través de una conexión que Pablo tenía con alguien en la industria de la confección de Los Ángeles. Muy pronto, Nanda asumió cada vez más trabajo e intentó involucrar a Marga en el proceso. Con un coeficiente intelectual bajo pero alto en su búsqueda de caminos fáciles e incluso placeres mínimos, Marga se resistió por completo al proyecto de trabajo a destajo y prefirió ayudar a Nanda con los niños; luego mientras Nanda cuidaba a los niños y cocía, Marga comenzó a acompañar a Raimundo para explorar los diversos clubes de sexo que él había llegado a conocer a través de sus innumerables visitas a lo largo de los años.

Quizás fue su madre o la necesidad de tomar un descanso de la complicada vida en Los Ángeles lo que frecuentemente enviaba a Nanda de regreso a la casa que compartía con Ariana en Ensenada, donde la nueva familia de Mel solía verla en sus viajes de visita.

La necesidad de ver a sus padres en el Valle de San Fernando, hacía viable la visita de Mel a Pablo o a Nanda, así como a Raimundo y su nueva prole en el área de Los Ángeles. En una de estas visitas a Los Ángeles, Raimundo invitó a Mel a que lo acompañara a dar un paseo por las juntas de la piscina de Whittier Avenue del este de Los Ángeles, donde procedió a vencer a Mel hasta el punto de la humillación masculina mientras jugaba con gracia y astucia y acumulaba una victoria tras otra como Minnesota Fats en *The Hustler*. Después de varios tragos invitó a Mel a ir con él a uno de sus clubes favoritos en Vermont Avenue, donde las parejas desfilaron sobre su sexualidad, trabajando una combinación tras otra durante una noche llena de diversión.

—Traigo a Marga aquí siempre que puedo ganar lo suficiente en el trabajo o ganar lo suficiente jugando al billar —le dijo a Mel sin ningún sentido de vergüenza o incomodidad, y con el mismo tono seco que siempre había usado para hablar sobre reparaciones de autos o compras.

Mel disfrutaba del sexo tanto como cualquier otra persona pero toda la escena le pareció peligrosa para el futuro, sobre todo en un momento en el que se sabía muy poco a cerca de las enfermedades emergentes.

—¿No crees que será mejor que ustedes y los niños regresen a San Diego para estar cerca de la familia allí y en Ensenada?

—¿Estás loco? —reaccionó Raimundo —. No hay nada que hacer allí. Está totalmente muerto. L.A. es donde está la acción.

"Bueno, veamos qué pasa con todo esto", se dijo Mel.

2.

Quizás la impresión más sorprendente que Mel tiene de Nanda es de su firmeza en el amor por su hijo, incluso si su modo de integración en la vida estadounidense supuso un declive en esa ala de la familia, al igual que la estrella de Lena parpadeó, pero finalmente se encendió y alcanzó un punto álgido.

Mientras Lena y Mel continuaban su marcha hacia los logros académicos en la rica ciudad de La Jolla, Raimundo fue despedido de un trabajo tras otro, y la búsqueda de un lugar más barato finalmente descendió a las malas calles de la peor parte de Compton, L.A. Lower Southside: una de las zonas más frecuentadas por pandillas y delitos de la ciudad, donde los proxenetas narcotraficantes organizaban a sus mujeres para que deambularan incluso por las calles más residenciales ofreciendo sexo a quienes pudieran ayudarlas a pagar las drogas. Nanda traía su trabajo a destajo allí, pero los encargados de la mudanza de material de prendas de vestir no entregaban ni recogían en el nuevo lugar, por lo que esa tarea recayó en Raimundo, que iba y venía con cestas de trabajo mientras conducía a sus hijos a la escuela o a un garaje o construcción, de un sitio a otro, aceptando cualquier trabajo que apareciera en cualquier momento.

Mientras tanto, Marga, que había aprendido mucho en sus aventuras en el club de sexo, continuó aprendiendo más y comenzó a aplicar su aprendizaje en casa. Una vecina la llamó para tomar una taza de café después de que su esposo se fuera a trabajar, y pronto la mujer dejó las tazas a un lado, besó los pechos de Marga y la hizo rodar del sofá, arrullando, suspirando y haciendo todo lo posible para que el tiempo volara mientras Nanda continuaba con su trabajo a destajo y observaba a los niños y los minutos se convertían en horas. Después de un tiempo, las dos amigas comenzaron a invitar a otras mujeres a unirse a sus brebajes de café, y pronto hubo todo un grupo disfrutando de sesiones colectivas y comenzando a agregar drogas a sus delicias de la tarde. Antes de que se diera cuenta, incluso involucraron a algunos participantes masculinos, que en algún momento tuvieron la virtud de proporcionar fondos para la creciente gama de actividades y estimulantes que parecían involucrar cada vez menos la conversación y el café. Raimundo, que aparentemente sabía lo que estaba pasando, decidió dejar que pasara lo que pasara mientras iba de un trabajo ocasional a otro y asistía a clubes de sexo que tendían, dedujo Mel, cada vez más a involucrar a hombres que buscaban hombres, como una variante, hombres que buscan hombres que se parecieran más a mujeres que la mayoría de las mujeres. Y aún en todo esto, Nanda se ocupaba de la casa y de los niños hora tras hora tratando de mantener viva una apariencia de vida hogareña normal en el infierno al que su hijo y esposa descarriada la habían condenado.

Mientras tanto, Nanda todavía aparecía sin previo aviso en Ensenada, o llamaba a su sobrina y esposo para que pudieran llevarla a ella, en ocasiones a los niños, al sur en su camino de regreso de una visita a Los Ángeles. Mel todavía recuerda lo enfermos que parecían siempre los niños, cómo vomitaban o defecaban en un viaje u otro, mientras Nanda atendía sus necesidades en el asiento trasero del auto y ellos se recuperaban durante su estadía en Ensenada solo para enfermarse nuevamente de regreso a casa.

Una vez, después de un extenso horario de verano en Ensenada, Nanda regresó con los niños para encontrar a Raimundo solo dentro de la casa, aparentemente abandonado por Marga. Parecía que el marido de su vecina se había enterado o simplemente se había cansado de las fiestas de la tarde en las que no participaba, y echó a su esposa de la casa a patadas. Alejada de su mundo de fiestas en el piso de arriba, pero ahora necesitada de las drogas a las que se había acostumbrado y que ahora apreciaba incluso más que sus placeres sexuales, Marga había dejado su casa para comenzar una nueva vida como trabajadora sexual, proporcionando placeres para otros como un medio para adquirir el crack que ahora era el verdadero amor de su vida. Pronto bajó sus precios frente a la feroz competencia, y eventualmente, si no desde el principio, tenía sexo desprotegido, por lo que a veces encontraba el camino a una clínica o a su antiguo hogar para obtener ayuda para el herpes o cualquier enfermedad venérea. Nanda la cuidaba y trataba de ayudarla; hizo todo lo posible para mantenerla en casa bajo cuidados. No obstante, una vez salía a comprar pan o algo que los niños necesitaran, regresaba para encontrar que Marga se había ido durante días y tal vez semanas.

En ocasiones, Marga regresaba supuestamente para ver a sus dulces hijos o conseguir algo de dinero o incluso tratar de atraer a Raimundo a la cama. Sin embargo, nada duraría y, tarde o temprano, sucedió lo inevitable de esos tiempos: fue diagnosticada seropositiva. A partir de ese momento, Nanda hizo todo lo que pudo, pero en esos días, era muy poco lo que se podía hacer.

3.

Un día Nanda regresó con los niños a Ensenada y los llevó a ver a los padres de Marga, pero los detuvieron en la puerta.

—Su hijo está a punto de matar a nuestra hija —dijo la madre—. Si ustedes los nicaragüenses se hubieran quedado en su propio país nada de estos hubiera pasado, ¿por qué tuvieron que venir aquí y difundir su corrupción por todos lados?

Los niños tampoco eran bienvenidos porque llevaban el apellido de Raimundo y, por ende, descendientes del diablo.

Nanda se llevó a los niños al otro lado de la frontera y siguió viviendo con ellos y Raimundo en el mismo barrio horrible. Raimundo parecía incapaz de encontrar un trabajo estable, pero sus visitas a bares gay continuaban, Mel se preguntaba si, de hecho, no ofrecía sus propios servicios por dinero.

—Si tan solo se instalara con alguien, mujer u hombre, no sería tan malo. Él tendría algunas raíces y los niños también. Pero tal como están las cosas, están todos en el infierno —le dijo Mel a Lena.

Nanda ensayó todos los incuestionables talentos de su hijo como mecánico y plomero, y no pudo evitar preguntar a sus oyentes por qué él no había podido convertir sus habilidades en éxito—por qué, en cambio, todo esto había sucedido, y qué había hecho ella o su familia para merecer este destino posfronterizo de Los Ángeles. Se preguntó en voz alta si era cierto que sus raíces nicaragüenses eran parte del problema, pero luego consideró el caso de Lena y su creciente éxito académico. Y sabía que, a pesar de todo, la relación de Ariana con su hija ciertamente había dado resultados mejores que los suyos con un hijo al que se había dedicado por completo. Quizás se dio cuenta de que ese era el problema: que había amado demasiado a Raimundo y no le había dado suficiente espacio para resolver sus propios problemas y los de su esposa. Ahora, sus manos se volvieron artríticas y ya no podía asumir el trabajo a destajo que había sido una parte tan importante de su vida, incluso antes de dejar Ensenada. Pronto sufrió el primero de varios accidentes cerebrovasculares que acabarían con su vida. En este primer caso, se cayó al suelo, mientras los niños estaban sentados viendo la televisión demasiado distraídos para prestar atención a lo que le estaba pasando a su abuela justo delante de ellos. Al visitarla mientras se recuperaba, les dijo a Lena y Mel que los padres de Marga pudieron tener razón, que los problemas habían comenzado en la Nicaragua somocista, que mientras Ariana se había casado con un borracho, ella, Nanda, más oscura, menos inteligente, menos dotada y menos amada que su hermana, había concebido a su hijo fuera del matrimonio, y que con la vergüenza añadida de su hijo ilegítimo, hizo todo lo que pudo para abandonar el lugar de su desgracia y, que sin ningún medio real, intentó hacer lo que no estaba debidamente preparada para hacer: una vida mejor para su hijo y para ella en México y luego en Los Ángeles. Como era un pájaro duro, apenas derramó una lágrima cuando les dijo todo esto.

En 1980, de regreso al Medio Oeste después de unos nueve meses trabajando en la Nicaragua sandinista, Lena y Mel pasaron por la casa para despedirse. Con su propio auto casi totalmente desgastado, Mel le pidió a Raimundo ayuda mecánica, pero en cambio Raimundo le dio un auto destartalado pero que aún funcionaba para hacer el viaje. Cuando se ofreció a pagar el coche, Raimundo se negó.

—No te preocupes por eso —dijo—. ¿De qué se trata la familia?

Esas fueron las últimas palabras que Mel escuchó decir a Raimundo, desapareciendo como lo hizo él mientras el matrimonio de Mel llegaba a su amargo final poco después de la llegada de la pareja a Minnesota. Solo vio a Nanda una vez después de la ruptura, el día que se detuvo para ver a su ex suegra y terminó llevándose a Nanda de regreso a casa en L.A., para poder lidiar con otra crisis en la casa de Raimundo. Un día, Silvio le dijo que Nanda había muerto después de repetidos derrames cerebrales, y después de ser atendida no por su hijo o sus nietos, sino por su hermano Pablo. Además le dejó saber a Mel cuánto admiraba la dureza y el carácter de Nanda.

—Recuerdo que una vez, cuando tenía setenta años, un hombre la agredió y trató de quitarle el bolso, cómo ella luchó contra él hasta que el pobre chico gritó y la policía tuvo que rescatarlo de sus garras.

Como dice Silvio:

— El mejor momento que tuve con ella fue en un viaje en autobús hacia South Central LA. Tenía una botella de tequila en mi maleta que se rompió cuando la sacamos del casillero en la estación de autobuses y ella me instó a beber todo lo que pudiera para no desperdiciarlo. Después de tomar dos tragos de tequila, me volví loco, tratando de esconderme, agarrándome a una enorme maleta frente a mí mientras el autobús corría por Broadway hacia 'el capó'. Nunca me sentí asustado caminando con ella por un barrio malo. Sabía que ella me protegería como una mamá osa que protege a sus crías. Se esforzó tanto como pudo, cosiendo tanto como cosió, ella era realmente quien mantenía unida a la familia de Raimundo —estimó Silvio.

No obstante, el pegamento no pareció funcionar del todo, ya que la familia vivió su vida en la ciudad de los ángeles.

Chico fronterizo

Carlos Barberena. El niño y el nube (sigiendo Amighetti) (imágem recortada), 2010

1.

Silvio había nacido en la Ciudad de México y allí pasó sus primeros años. Su padre era un estudiante de medicina libanés costarricense con quien Lena se casó cuando eran estudiantes de la UNAM, pero ella pronto se divorció de él y él regresó con su familia en San José. Lena no tardó en volver a casarse con otro estudiante de medicina centroamericano, pero esta vez de Managua. Dejó los estudios universitarios para irse con su esposo y su hijo a Michoacán; luego se fue a Ensenada, pero esta vez no eran tres sino cuatro debido a la llegada del nuevo medio hermano de Silvio, Dino.

Ir a la escuela en Ensenada estuvo bien, especialmente porque él y Dino fueron reconocidos como los hijos del doctor Vargas y de una maestra de escuela. Siempre fueron tratados con cierta deferencia por su distinción en clase y estatus.

Aprendió los presidentes mexicanos y las fechas claves de la historia nacional. Aprendió a jugar al béisbol y jugaba cuando podía con amigos en los patios traseros y terrenos baldíos de la ciudad. Algunos de sus amistades, como Luis y Rafi, seguirían siendo sus amigos incluso mientras vivía al otro lado para no volver a vivir permanentemente en México.

Por supuesto, como hijo, sobrino y nieto de centroamericanos y como no era realmente el hijo del Dr. Vargas siempre sintió alguna diferencia persistente con los muchachos con quienes se relacionaba. Mayormente vivía en Edén, su abuela cariñosa le preparaba la comida, su madre le ayudaba con los deberes, una profesora de piano venía a la casa para darle lecciones todas las semanas.

Siempre había tiempo para juegos y fiestas con Dino y amigos, y viajes al cine local para ver Cantinflas o Kalimán. Además estaban los momentos maravillosos con su abuela y su tía abuela Nanda, especialmente esos viajes al mercado de pescado de Ensenada, con los pájaros revoloteando sobre sus cabezas y el olor del mar que emanaba de la pesca abundante en cada puesto, Silvio comía un taco o cóctel de mariscos y terminaban el día con una jícama cubierta de pimiento rojo y un generoso chorrito de limón para hacer la perfecta versión mexicana de la fruta prohibida.

Hasta que llegó el momento en que su madre decidió terminar el título universitario que había dejado en la UNAM en el D.F. y asistir a la Universidad de California en La Jolla. Tres o cuatro veces a la semana, durante más de un año, viajó por autopista, pasó la frontera y subió por San Diego. Cada mes el viaje se hacía más difícil y los problemas con su esposo se agravaban mientras él amenazaba con matarla y ella huía con sus hijos al otro lado de la frontera.

Finalmente, Rolando dejó atrás su práctica en Baja y cruzó la frontera tratando de reparar su matrimonio y volver a vivir con su esposa y su familia mientras buscaba trabajo médico, al mismo tiempo que estudiaba para aprender el inglés que necesitaba para obtener su licencia médica. Sin embargo, el respetado médico de Ensenada no lo era en San Diego; nadie honró sus títulos, logros o experiencia. Trabajó largas horas a pago mínimo mientras su esposa se concentraba en sus estudios y en los niños, incluso con la visita de su abuela siempre que le era posible, intentaron lidiar lo que para ellos era un infierno en su nuevo hogar. No había tiempo para nadar en la bahía u holgazanear en las playas. En lugar de béisbol, todos los chicos del área jugaban fútbol americano, y cuando intentaron el baloncesto, de repente sus oponentes se alzaron por encima de ellos y tuvieron que aprender a esquivarlos.

Intentaron hacer lo mismo con sus padres, que lucharon y se separaron una vez más; y de un momento a otro los hijos del doctor de Ensenada parecían solo otros dos chicanitos en el mundo de San Diego. Al fracasar en la reconciliación con Lena y al darse cuenta de que ya estaba preparada, no para regresar a Ensenada sino para continuar con su doctorado, el buen médico trató de amenazarla y engatusarla, pero de ninguna manera pudo disuadirla de su camino. La acechó y le advirtió que podría robarle a su hijo si ella persistía en la separación; ella lo desafió amenazándolo con perseguirlo con la policía y los abogados si intentaba algo. Las advertencias no bastaron para que se detuviera. Decidió que los experimentos fronterizos habían terminado y luego hizo lo que había amenazado con hacer.

Lena le había advertido a Silvio que no se separara de Dino y que gritara a la policía si algo pasaba. Pero estaba aterrorizado y se fue con el amigo de su padre, no a McDonalds como sugirió seductoramente el amigo, sino permitiendo que el hombre condujera hasta que pasó el tiempo suficiente y el amigo lo llevó a casa. Mientras se acercaban a la casa, Silvio saltó del auto y corrió hacia la puerta trasera, golpeando violentamente hasta que su abuela lo dejó entrar.

Durante los días que siguieron, su madre y su abuela hicieron llamada tras llamada y corrieron en busca de ayuda de los funcionarios de ambos lados de la frontera, el tío Jorge Manuel venía de Ensenada para unirse a otros que habían sido reclutados para verificar hotel tras hotel en Tijuana. Pronto quedó claro que padre e hijo habían tomado un avión a la Ciudad de México y luego a Managua. Se produciría una batalla larga e infructuosa y cada hermano crecería en sus diferentes países con sus diferentes padres, se vieron pocas veces hasta varios meses después de la insurrección final, cuando Dino vino a vivir a México y se reencontró con su hermano y su madre, aunque para romper con ellos definitivamente (tal vez porque el primer rompimiento nunca pudo superarse) algunos años después.

Desde el momento del secuestro, Silvio continuó con su nueva vida en los Estados Unidos, ahora sin hermanos y sin la paternidad ambivalente del segundo marido de su madre. El niño extrañaba a su hermano y también sentía una terrible sensación de culpa, ya que el miedo lo había congelado en un momento crucial de su vida. Quizás a veces había estado celoso del verdadero hijo del Dr. Vargas, pero él y su hermano habían sido inseparables y una parte de sí mismo se había ido; y ahora una nueva figura paterna entró en su vida.

2.

Cuando lo conocí era el chico más silencioso y tímido del mundo. Al principio mantuve mi distancia porque ¿quién sabía si había algo real entre su madre y yo? Aunque, gradualmente, a medida que esa relación se profundizó, me sentí más comprometido a acercarme a él. Yo era un terrible jugador de baloncesto, mas traté de jugar con él uno contra uno y dos contra dos cuando vinieron un par de amigos de la escuela. A pesar de lo terrible que era en matemáticas, traté de ayudarlo con sus problemas matemáticos, confundiéndolo más que ayudando. Una vez, después de ser casi un habitual en la casa, llegué y entré en pánico porque no podía encontrarlo en ninguna parte, y tenía miedo de que de alguna manera hubiera sido secuestrado como su hermano, pero descubrí que las paredes del apartamento ocultaban los pasillos interiores como a los áticos, donde uno podía vagar de una habitación a otra e incluso hasta el ático real de arriba sin salir ni una vez por una de las varias salidas de los pasillos.

Recuerdo cómo llegó a casa desanimado por una nota, o raspado, arañado y ensangrentado por una pelea en el patio de la escuela. Recuerdo el placer que tuvo cuando lo llevé al cine o al juego de pelota del Padre. Recuerdo sentir su creciente apego cuando cruzamos la frontera para visitar a su abuela, o cuando bajó al maloliente mercado de pescado y le compré un taco de pescado, una jícama o un perrito caliente exquisito en la principal calle turística. Cómo se le iluminaban los ojos cuando exprimía más limón en la jícama, o más chiles en el hot dog, o se iluminaban aún más cuando Ariana iba con nosotros a Tijuana y pasábamos por Super-Antojitos para probar los mejores tacos y enchiladas que jamás se hayan hecho, esto antes de detenerse en esa librería de izquierda para recoger los títulos subversivos que su tío Jorge Manuel había ordenado para su propia librería en Ensenada.

Recuerdo cuando salimos con el tío Jorge Manuel por la carretera de Ensenada a Tecate para tratar a un paciente de la antigua comunidad rusa o del ejido indígena. Sus ojos estaban llenos de asombro ante estos lugares extraños y personas desconocidas; se maravillaba fácilmente con esta gente. También recuerdo su aburrimiento en los largos y repetidos viajes de ida y vuelta a través de la frontera, y un aburrimiento aún mayor cuando estaba entre su abuela y su hermana, ambas mujeres grandes y locuaces en el asiento trasero del Mercedes de su madre, el que Rolando la había comprado en su último esfuerzo por recuperarla: íbamos en coche hacia o desde La Jolla o incluso desde Los Ángeles, y él miraba por la ventana, o por lo general se quedaba dormido en el camino.

Recuerdo haber ido a su escuela y mostrarme como el estudiante de doctorado y maestro judío blanco cuyo hijo mexicano no debería ser tratado como otro niño chicano pobre e ignorante del barrio, señalando la calidad de su español y su conocimiento de México como cosas que la escuela debe honrar y respetar.

Recuerdo cuando viajamos en camioneta de Los Ángeles a Managua, cruzamos la frontera en El Paso y nos dirigimos a Tapachula, Ciudad de Guatemala y Honduras para finalmente llegar a la casa familiar en Managua. Recuerdo las pocas visitas que tuvo a su hermano y su sensación de frustración y pérdida por los esfuerzos fallidos de su madre por recuperarlo a través de los tribunales somocistas que protegían a su exmarido. Recuerdo jugar a Mochis y Rummy con él y los chicos mayores de la casa, cómo se quejaban cuando cambiaba de juego y trataba de hacer nuevas combinaciones de los dos (decían que era un caso de imperialismo yanqui, pero jugaban de todos modos), y cómo jugamos béisbol con calcetines en el largo pasillo de la casa, y cómo se reía cuando nos mudamos al patio y golpeó uno de mis calcetines sobre la cerca logrando un jonrón.

Luego recuerdo que le compré un boleto para volar a Costa Rica a ver a su padre biológico y sus abuelos. Recuerdo que me sentí nervioso, preguntándome cuál sería su actitud a su regreso y cómo regresó, decepcionado y sin apenas decir nada sobre su padre, quien le había dedicado poco tiempo a él y sus medio hermanos y hermanas (estaba claramente feliz de haber visto a sus amados abuelos, pero también triste de verlos tan frágiles y viejos y saber que tal vez nunca los volvería a ver). También recuerdo que finalmente dijo:

—Supongo que eres el único padre que tengo.

Y así fue. Y, por supuesto, también es cierto que heredó una enfermedad ocular de su padre que le llevó a trasplantes de córnea e innumerables búsquedas de lentes de contacto en alfombras y césped, en fregaderos y bolsas de basura.

Recuerdo cuando nos dirigimos de regreso a Ciudad de México, acercándonos a Querétaro, Dolfi nos acompañaba y, de hecho, conducía nuestra camioneta Chevy cuando chocó contra un parche de alquitrán y la camioneta salió volando de la carretera y se volcó, de modo que vi a Silvio sobrevolar nuestras cabezas y fuera de la cavidad de la ventana delantera, aterrizando justo fuera del alcance del destino final de la furgoneta.

Recuerdo el día en que dejamos Hillcrest y nos mudamos a los apartamentos de estudiantes graduados, cuando lloró por dejar a sus amigos de la escuela y venir a este lugar de niños de élite de todo el mundo, solo para encontrarlo ubicado con los niños mexicanos que eran sirvientes y jardineros de los residentes más ricos de La Jolla. Recuerdo a su madre y a mí peleando una y otra vez con los funcionarios de la escuela, para darle lo que le corresponde, recuerdo jugar al fútbol americano con él día tras día en el otoño, solo para ver que su verdadero amor por el fútbol que jugaban los mexicanos nunca podría ser negado en el fondo de su corazón.

Recuerdo cuando manejamos hasta Los Ángeles para ayudar en el alivio del terremoto de Echo Park Nicaragua. Recuerdo nuestra espera en el apartamento de su tía cuando su madre se fue a Nicaragua a buscar a Dino y al resto de la familia. Recuerdo que discutimos sobre Roberto Clemente y cómo los Somoza confiscaban gran parte de las cosas que enviábamos.

Recuerdo nuestra carrera hacia el aeropuerto para encontrarnos con su madre y ver qué tenía que decir sobre su hermano y el resto de la familia. Recuerdo nuestro largo verano en Ensenada cuando construimos nuestro departamento junto al de Ariana. Recuerdo su placer cuando robamos un montón de árboles de la universidad y los pasamos al otro lado de la frontera en nuestra camioneta verde para proporcionar más refugio al patio trasero de Ariana y todo el área. Recuerdo su frustración cuando quemé muchos árboles con un exceso de fertilizante, pero también recuerdo su alegría cuando limpiamos suficientes rocas para hacer un campo de juego decente a mitad de camino, y recuerdo lo feliz que estaba de jugar con Rafi todos los días e incluso conocer a Lauro Marcano en el cine al que habían asistido tantas veces en un pasado. Recuerdo haber escuchado los juegos de pelota de San Diego mientras Nate Colbert y Cito Gastón conectaban jonrón tras jonrón, y nos recuerdo viendo a Willie Mays, aunque viejo y sin la magia de sus primeros días, esperando que Willie golpeara la pelota que ya no podía golpear, y yo intentaba decirle lo maravilloso que Willie había sido antes.

Recuerdo su último año en La Jolla, cuando le compramos carteles de Mao, Ho Chi Minh, Che Guevara y César Chávez y tal vez lo obligamos a ir a un mitin de más, cuando comenzaba sus lecturas de *El Hobbit y Lord of the Rings*, e hizo su física con su único amigo verdadero Henry, hijo de un conocido profesor de física; recuerdo cuando lo ignoré para estudiar para mis exámenes, solo para que perdiera su mundo de la habitación y su único amigo, cuando mi padre murió y conseguimos las becas que nos llevarían a Francia y luego a España durante un año.

Creo que su infancia llegó a su fin durante ese año en Europa. En verano, iba a la Alianza francesa y pasaba caminando a casa viendo las prostitutas en la rue Saint Denys, las chicas le hacían proposiciones, pero prefería gastar el poco dinero que tenía en *pommes frites* con mayonesa. Por las tardes, su único placer era cuando lo llevaba a un bar cerca de la Ópera para jugar al *pinball* o, cuando el calor del verano aumentaba y nuestro amor por los museos se desvanecía, cuando conducíamos a diferentes piscinas públicas en las afueras de París, explorando las ciudades, cenando y luego regresando a la ciudad después de que el tráfico de la tarde había pasado.

Debió haberle encantado cuando su abuela vino de visita y podía mostrarle toda la ciudad, pero el aburrimiento debe haberlo abrumado en el largo viaje a Roma y el regreso por el sur de Francia y España, aunque puede que le haya gustado marchar por las calles de Florencia en protesta por el golpe de Chile, agradarle su trabajo de echarle aceite para mantener nuestro Volkswagen que se averió cruzando la Provenza, la frontera con España y todo el camino hasta Barcelona y Madrid.

Ciertamente aprendió mucho ese año, mucho español y mucha caligrafía, ya que su amor por el fútbol creció al ver al Real Madrid y a Johann Cruyff del Barcelona. Realmente no sé cómo pasó el fin de año y luego ese viaje en autobús a través de los EE. UU. de regreso para un último verano en Ensenada mientras yo me quedé en Los Ángeles terminando mi disertación y luego conduciendo de regreso a través del país hacia Ann Arbor, donde comenzó un año de la escuela secundaria para irse en enero a Minneapolis con su madre, donde había ganado un puesto permanente; yo me uní a ellos tan pronto como terminó mi trabajo universitario sin salida.

Podría seguir y seguir con la historia de Silvio y su crecimiento hasta la edad adulta, y eso nos llevaría más lejos de la historia fronteriza que he estado tratando de contar. Quizás sea suficiente decir que el año después de nuestra llegada a Minnesota, cuando le hablé de dejar las

Ciudades Gemelas para un posible trabajo como profesor en Ohio o México, me dijo con franqueza:

—Me he mudado lo suficiente, puedes hacer lo que quieras, pero quiero terminar la escuela secundaria y tal vez la universidad aquí.

Por mucho que odiara estar allí, sin trabajo y mi carrera en suspenso, y ver cómo mi matrimonio se deterioró, se deterioró y luego terminó, e incluso con la Revolución Nicaragüense y su año allí, él se mantuvo firme en construir su vida en Minnesota como el lugar donde había encontrado amigos, amores, vida, educación y la base para un futuro y, por supuesto, el lugar donde jugaría fútbol año tras año hasta los cincuenta.

—Sabes —me dijo una vez—, me encantó cuando llegué aquí. Nadie me trató como a un niño mexicano como lo hacían en San Diego o La Jolla. Nadie me trató como a un chico fronterizo o de barrio, así que estoy feliz de dejar atrás la frontera.

Bien puede ser que su vida estuviera más encaminada durante sus meses en la Nicaragua sandinista, primero cuando esos ladrones entraron a la casa de su tío Felipe y empuñaban a Silvio a punta de pistola, luego, con su esfuerzo por volver a vincularse con su hermano perdido; y tercero su romance con Chencha, el hijo de profesionales con el mundo a sus pies. Supongo que tomó la decisión clave de oponerse a la campaña de alfabetización y tomar sus clases en Minnesota. Y, por supuesto, nunca dejó atrás por completo su vida fronteriza y latinoamericana y hubo momentos de excepción en su visión general, ya que se convirtió en coordinador de estudiantes del centro de estudiantes chicanos en la universidad, se casó y luego se divorció de una mujer de Saint Paul Barrio, y ayudó a criar a su hija mexicana durante sus años escolares y universitarios. Entre esposas, tuvo un breve romance con la hermana de uno de los exalumnos más cercanos de su madre y amigas de toda la vida: un dentista de Mexicali, a quien conoció cuando viajó desde nuestra casa en Chicago a Ensenada para confirmar la venta de Lena de la casa que teníamos. Intentaría ayudar a Ariana a establecerse cerca de la playa en Ensenada.

3.

Quizás haya algunos momentos que conviene recordar para completar esta historia familiar. Primero fue su club *Come y corre* en el que los amigos miembros se reunían en un restaurante, e incluso se quejaban del servicio antes de salir corriendo del lugar y echarse a correr por la calle hacia el automóvil que los esperaba. Tales actividades tuvieron su culminación en un día de primavera, como cualquier otro maravilloso día de primavera de Minnesota, con el invierno atrás y la expectativa de otro lejano, cuando recibí una llamada telefónica que me decía que Silvio había sido arrestado y estaba en el centro de detención de Saint Paul.

Corrimos hacia la cárcel para ver cómo sacarlo, pero el policía a cargo nos llevó aparte.

—Quiero que sepa que su hijo y sus amigos han sido arrestados por robar en una tienda, y todos van a ser acusados. También quiero que sepa que este no es un caso de discriminación racial o discriminación por perfil. No es un pobre niño mexicano que fue engañado por sus amigos anglos y que está siendo señalado por la policía de Saint Paul. De hecho, era el cabecilla del grupo, y deben tratar todo esto con esto en mente. Y eso hicimos. No pudimos hacer mucho para insistir en los límites, hasta que un día de invierno, cuando Lena se fue como profesora visitante en La Jolla, Silvio se marchó de casa para quedarse con sus amigos marihuaneros, y fui donde ellos y exigí verlo.

—Vendrás a casa conmigo —le dije.

—No tiene que ir —dijo un amigo—, no eres su padre.

—Mire —dije—, crié a este muchacho y me hice cargo de él, tiene menos de dieciséis años y lo llevaré a casa, y no hay nada que puedas hacer al respecto. Y con eso, Silvio se encogió de hombros, recogió su bolso y se fue conmigo.

Solo agregaré que el día en que me separé de su madre, en un terrible funk sentado en mi apartamento deprimente de Minneapolis y preparándome para tomar un trabajo temporal que financiaría mi salida de la ciudad, él vino y prácticamente me arrastró hasta ver pelear a Sugar Ray Leonard, no recuerdo con quién en un combate televisado que veíamos desde detrás de la pantalla, sentía el impacto de los golpes como si fueran el matrimonio; una diversión que nos unía y cruzaba fronteras.

En mi último viaje con él cuando todavía estaba en proceso de divorcio de su madre, lo recogí en la estación de Greyhound y manejamos como locos de Chicago a Ensenada, con solo una parada en San Luis Colorado, para luego despedirnos con tristeza de su abuela en Ensenada, antes de que lo llevara a Los Ángeles para que pudiera encontrarse con su madre en la casa de su tío Pablo, y finalmente recogerlo y regresar rápido para evitar las tormentas de nieve del invierno, rodeando la tormenta hasta la frontera de El Paso antes de girar hacia el norte y finalmente llegar a la fiesta de Año Nuevo de la puertorriqueña con la que me casaría varios años después.

4.

Reflexionando sobre las cosas, encuentro que todavía hay algunos puntos que debo mencionar antes de cerrar, y es que Silvio fue mi lector activo y de hecho me ayudó a reescribir la pequeña serie de historias fronterizas sobre los Quijanas, incluida esta, pero sin incluir "El niño perdido", debo agregar. Al leer las historias, le sorprendió una estructura familiar que involucraba a su abuela, su tío abuelo Jorge Manuel, su madre y él mismo, por un lado, y su tía abuela y el tío abuelo Pablo, Raimundo y sus hijos, por otro lado.

Le encantaba especialmente la historia de Ariana, su querida abuela que siempre se aseguraba de que él tuviera todo el afecto y la atención que temía de que sus padres académicos radicales no hubieran tenido el tiempo o la concentración que él necesitaba que le dieran, especialmente después del secuestro de su hermano; de cómo esa pérdida dejó un vacío que ni siquiera el regreso de su hermano podría llenar, un regreso que al final simplemente regresó a la pérdida inicial. Recuerda lo bien que trató su abuela a su novia del bachillerato, cuando lo ayudamos a traerla de Minnesota para quedarse (y sí, dormir con él) en la casa de Ensenada. También, Silvio quedó fascinado con el descubrimiento de que su tío abuelo Jorge Manuel tenía fama de haber sido un operativo de la KGB, así como el hombre clave sandinista que sabíamos que era.

—¿Y qué significa eso sobre mi abuela o mi madre? —me preguntó como si supiera algo con seguridad. Compró al menos uno de los libros sobre el papel de espía de Jorge Manuel que descubrí mientras investigaba la historia. Y me dijo que había leído al menos parte del libro de Jorge Manuel y que todavía tiene la única copia que conozco.

En lo que respecta a su tía abuela, fue él quien me contó sobre su accidente cerebrovascular y la falta de reacción de sus nietos. Me dijo que la amaba con todo su corazón.

Finalmente, debo recordar cómo, hace unos años, arreglamos que me reuniera con él, su esposa Karla y sus dos hijos durante unos días en Los Ángeles, y luego al sur, al otro lado de la frontera. Recuerdo que nos reunimos con mi hermana y mis sobrinas; de visitar nuestros viejos lugares en La Jolla y San Diego, donde incluso trazamos la ruta de la escuela a casa, donde su hermano había sido arrancado de su vida. Y recuerdo haber visitado los lugares clave de sus años en Ensenada, sobre todo, la vieja casa de madera y la ampliación que Lena y yo habíamos construido tantos años antes. Efectivamente, había una mujer joven que se quedó allí, que habló con cariño de cómo había conocido a Nanda en los años posteriores a nuestra mudanza al Medio Oeste.

—Era una mujer amorosa y tan maravillosa —nos dijo.

No pude resistirme a anotar su dirección de correo electrónico y luego enviarle mi historia, "Nanda".

—Puede que ella no vaya a estar contenta con esa historia —advirtió Silvio—, al igual que mi madre —agregó. Y era cierto, la joven nunca me respondió, probablemente perturbada por su visión negativa a pesar de mi esfuerzo por afirmar la lucha por la vida de Nanda. Y se me ocurrió que a Silvio tampoco le gustarían las historias, y que tal vez nunca debería enviarle el libro si decidiera publicarlo después de todo.

Por supuesto, podría decir mucho más. Pero esos son algunos de los momentos fronterizos que puedo recordar, rememorando la vida fronteriza perdida de mi hijo fronterizo.

Lena

Carlos Barberena. Reencuentro. 2010

Así que finalmente en esta narrativa el "autor", mi ex, ha tenido la amabilidad de proporcionarme un espacio, supuestamente, para que yo tenga la oportunidad de contar mi versión de los hechos. Al leer todo lo que se ha escrito hasta aquí, solo puedo decir que lo encuentro todo tan vulgar y explotador, un insulto total para mi familia, toda mi carrera y mi vida.

No es que estas cosas no hayan sucedido. No es que no perdí a mi hijo y luego luché lo mejor que pude para recuperarlo, incluso mientras perseguía mi sueño de educarme y de logros, sobre todo mientras luchaba por la liberación de mi país. Quiero decir que amaba a Mel y, aunque sentí la necesidad de separarnos, simplemente no pude hacerlo, le di la bienvenida y luego traté de mantener nuestro matrimonio unido sin negarme a mí misma, hasta que me quedó claro que la única forma en que él y yo podíamos sobrevivir para dar lo que teníamos para dar, era romper el nudo que sabía que debía desatarse pero que él no sería incapaz de hacerlo.

Sé que piensa que lo que pasó, pasó porque era más el amor propio que el que le tenía a él, pero esa es su versión sensible y egoísta de todo. Sé que cuando su carrera se vino abajo, traté de ayudarlo lo mejor que pude sin destruir mi propia vida, y el hecho es que eventualmente nada podría salvarnos excepto el divorcio. Que esto lo haya perseguido durante años es su problema. También me molestó durante bastante tiempo, pero finalmente decidí no dejar que la nostalgia dominara mi vida, seguir adelante sin importar nada. He tenido una gran carrera y he pagado altos precios por ella. Perdí a un hijo y lo recuperé solo para perderlo para siempre. Perdí a mi tercer marido y traté de mantener una amistad con él, pero finalmente tuve que terminar con lo que quedaba de nuestra relación cuando en su afán por crear historias a partir de su experiencia de vida, trató de escribir las historias centradas en nuestra vida fronteriza y otros tiempos después, estas historias están contadas con tanta crudeza y sin disfraz, exponiéndonos a mi hijo, a mí y a toda mi familia a quienes nos conocen e incluso a extraños, poniendo cosas impresas que es mejor dejar en las tumbas o en el cúmulo de cenizas de todos nosotros.

¿Cómo podía traicionar nuestro pasado después de todo lo que habíamos compartido, incluso después de nuestro matrimonio? Tan solo puedo suponer que es porque se había quedado atrás de la vanguardia, el nivel superior al que había estado tratando de alcanzar, y al que algunos de nosotros nos acercamos bastante, probando su llamado "Ficción de memorias" para dejarlo fuera de nuestro anzuelo profesional. Pero usarme a mí y a mi familia y algunos de nuestros momentos más íntimos como base para su nuevo lanzamiento, solo puedo considerar una traición a todo lo que teníamos y fuimos, y la negación definitiva de cualquier relación futura entre nosotros.

No voy a dignificar estas páginas ni a perder mi tiempo y energía tratando de contar toda mi historia aquí. No voy a intentar defenderme de la fría representación mía que mi exmarido ha presentado aquí. Por supuesto que he aprendido a aceptar muchas cosas, ya que me he enorgullecido cada vez más de lo que he podido hacer, luchando e intentando dar voz a los violentos y violados de América Latina y de mi propio país. Simplemente no sé qué puedo aportar a esta discusión más allá de decir que si alguna vez lo amé, ahora veo su interés propio, su envidia, su falta de respeto y, sí, su apropiación arribista de todo lo que puede. Ya es bastante fuerte que me retrate como egocéntrica y manipuladora, pero su interpretación de mi madre y mi relación con ella, su horrible interpretación de mi querida tía y su familia, son simplemente imperdonables. Es como si estuviera escupiendo sobre sus tumbas solo porque no tiene la capacidad de imaginar una historia o al menos transcribir lo que cree entender con imaginación y arte. Porque si hay algo que falta en lo que escribe es el amor y la pasión que todos vivimos mientras tratábamos de hacer una vida mejor para nosotros y los demás.

Puede pensar que lo usé y lo manipulé, y tal vez incluso piense que me casé con él para conseguir mis papeles, pero sé que sin los años que describe y difama, habría terminado sin la carrera que finalmente tuvo, y sin la vejez segura que finalmente ganó. Y sí, me ayudó con mi carrera, pero no pudo soportar ver mi éxito mientras estaba sumido en su sensación de fracaso. Por ende, la única forma en que pudo encontrar su camino fue dejarme atrás. Y, por supuesto, estoy agradecida por su relación con mi hijo y su familia, y sí, él trató de ayudarme cuando, con el divorcio y mi lucha inicial por una nueva Nicaragua en suspenso, luché por regresar a la profesión. Incluso podría agradecerle por ser el abuelo de una nieta con la que no pude entablar una relación. Sé que soy difícil y, a veces, implacable, pero nada de lo que él hizo por mí o yo hice por él ha merecido la profanación que representa este libro.

Ahora ha elegido publicarlo todo. ¿Y espera que lo perdone? Ni siquiera en mi lecho de muerte. Nos encontramos recientemente en una conferencia y fui cortés pero bastante distante, evité cualquier conversación directa. Incluso me reí cálidamente mientras contaba una historia que recordaba bastante bien de nuestros días juntos. Parecía estar sufriendo por mi rechazo y por fin me entregó lo que denominó como su "último libro académico sobre Centroamérica", donde específicamente nos agradece a mí y a mi familia todo lo que aprendió de nosotros. Cogí el libro, pero dejé claro que no podía cambiar nada debido al otro libro que había escrito y estaba seguro de que eventualmente lo publicaría. Y aquí lo encuentro, listo para ir a imprenta. Llegaremos al final de nuestros días con esta gran herida sin sanar. Hemos terminado finalmente e irrevocablemente. Lo que nos queda entre nosotros es el silencio.

Mel

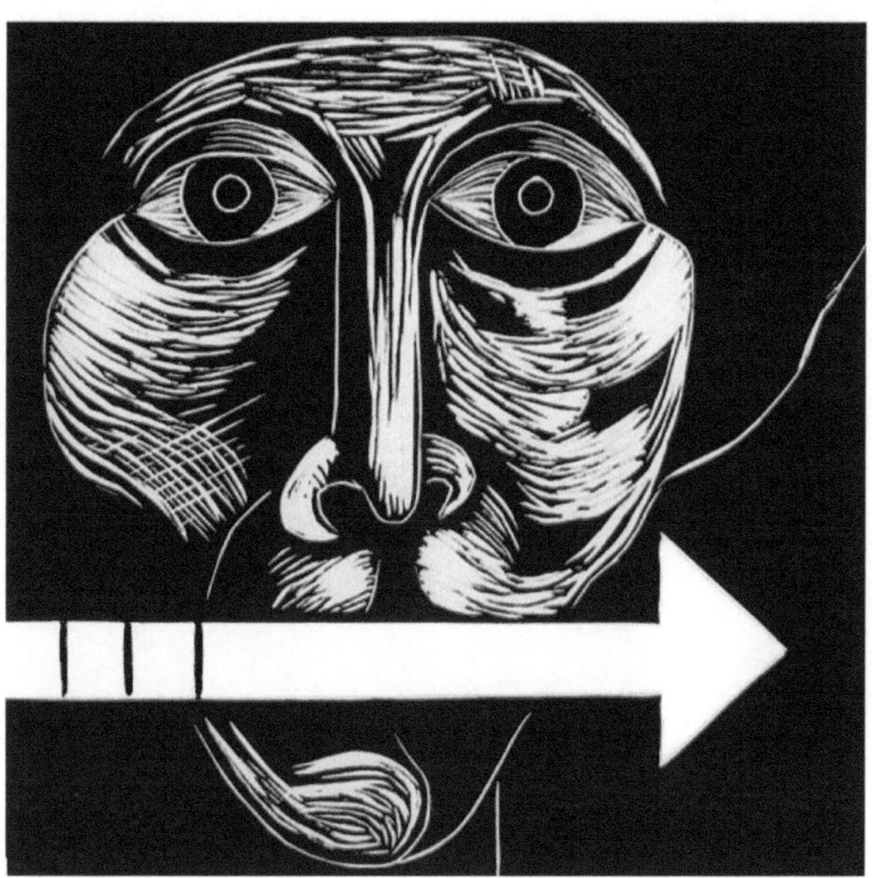

Carlos Barberena. Silencio. 2008.

Nada que agregar, solo la nota final que les prometí antes, la nota que no le envié cuando salió del comedor donde la vi por última vez después de que se negó a decirme una palabra. Es una nota simple, todo lo que tengo que decir ahora después de todo lo que había pasado entre nosotros.

Lena, esto es todo: el resultado de mi ingenua indiscreción y tu incapacidad para perdonar. El fin oficial de todo lo que fue o pudo haber sido. Te deseo lo mejor, sabiendo que probablemente nunca hablaremos, incluso si nos volvemos a encontrar. ¡Gracias por todo lo que me diste! Espero me perdones algún día, de alguna manera, por esto y por todo. Que tus últimos años te traigan paz y felicidad.

Epílogo

Carlos Barberena. La McMona. 2009 (imágem recortada).

Tantas otras historias fronterizas, tantos encuentros con diferentes personas... Pero hay que contar una última historia: la primera vez que Mel se convirtió en un coyote fronterizo, incluso antes de ayudar en el regreso del chico perdido.

Todo sucedió cuando Jorge Manuel diagnosticó que su madre senil, doña Juanita, tenía un problema cardíaco que, según él, solo podía ser tratado bien por un amigo médico (y contacto sandinista) en Los Ángeles. Así que él y su hermana designaron a Mel como miembro de la familia con la mejor posibilidad de cruzar la frontera y pasar la anciana más alla del punto de control de San Onofre y hasta el barrio angelino de Echo Park. Así fue como doña Juanita, de tez bastante blanca y vestida como la más respetable de las damas anglosajonas, vino a sentarse en el asiento trasero del carro que Mel trajo de Ensenada al paso fronterizo de Tijuana.

—No diga una palabra, señora, ni a mí ni a nadie —le indicó Mel.

Ella hizo lo que le decía, sentada en silencio en el asiento trasero con las gafas de sol que le había dado, y ahora él le hablaba en inglés como si ella entendiera lo que tenía que decir. Mel asumió que no tenía idea de dónde estaba, porque en verdad, había estado perdida durante años, perdida e ilegal en Ensenada, siempre pensando que el autobús que pasaba por su casa la llevaría a la escuela donde una vez ensenó enseñaba en la zona rural de Nicaragua. Y ahora, ¿qué se podía esperar, incluso si lograba cruzarla?

Cuando llegaron a la frontera, Mel tuvo que elegir a cuál de los tres guardias abordar: un anglo, un mexicano o un afroamericano. ¿Qué elección debería hacer uno? El anglo sería mezquino y desconfiado, el mexicano no se dejaría engañar por la piel blanca de doña Juanita; y al afroamericano tal vez no le importe un carajo; al menos así fue como razonó Mel, correcto o incorrecto, violando sus propias reglas futuras contra el perfil y la discriminación racial en este día especial de principios de la década de 1970. No obstante, resultó que los dejó cruzar sin hacer apenas una pregunta.

San Ysidro no mostraba ninguna dama del puerto, pero en este día, todavía mostraba un arco dorado brillante con esperanza contra un cielo azul sin nubes. Al ver el arco en esta tarde soleada, la pasajera supuestamente senil de Mel estalló en un estado de total claridad (¿o era claro y total ilusión?).

Unos años más tarde, ese arco de luz de McDonalds, que de alguna manera le recuerda a Mel la luz verde en Long Island de Jay Gatsby, sería el lugar de una escena tan terrible que tuvo que ser arrasada y borrada. En las décadas que siguieron, los registros fronterizos serían más exhaustivos y el puesto de control de San Onofre estaría mejor vigilado, de modo que innumerables vidas se perderían o destrozarían en el cruce. Con el tiempo, los niños y adolescentes centroamericanos que habían sobrevivido a La Bestia se congregarían a lo largo de la frontera en busca de asilo y alivio que pocos encontrarían. Pero en ese momento previo, años antes, mientras Mel y su abuela cruzaban, el arco esparcía su oro desde el polvo de San Ysidro hacia, y más allá, de aquella frontera y de todas las fronteras hacia el resto del mundo…

En ese momento, al ver esa luz tan cerca de la costa, doña Juanita, no como Cortés (pero sí, como Balboa) miró en silencio lo que Mel supuso que le habría parecido a ella como el Pacífico centroamericano, ella que siempre pensaba que estaba en Nicaragua cuando estaba en México, finalmente expresó su sorprendida pero clara convicción de dónde se ubicaba ahora después de todo.

—Estamos aquí —dijo con un tono de asombro —. Nunca pensé que llegaría aquí, pero aquí estamos.

—¿Estamos? —yo pregunté—. Supongo que es lindo pensar eso.

Por supuesto, me di cuenta de que, sin embargo, ella estaba perdida, y que yo también lo estaba—un viejo chico perdido recordando a ese otro chico perdido que traería de vuelta a un mundo igual de perdido, para volver a cruzar la frontera que él había dejado atrás muchos años antes, y revivir de alguna manera lo que pensó que nunca podría vivir una vez más.

Nota final del autor

Mientras esta traducción al español va a imprenta, deseo expresar mi orgullo y humildad respecto a mi reciente esfuerzo por hablar en contra de la cooptación y distorsión total de la Revolución Sandinista emprendida y apenas concluida por Daniel Ortega y su compañera Rosario Murillo. Como académico y activista, durante muchos años he estado involucrado y he publicado varios libros y artículos sobre las preocupaciones centroamericanas; bajo mi dirección, mi proyecto LACASA Chicago ha ampliado ese compromiso con una modesta serie de libros y CD sobre temas centroamericanos, aun cuando nos han faltado los recursos financieros y las energías para hacer más. Ciertamente, las situaciones en Honduras, El Salvador y Guatemala, así como la crisis de refugiados de los últimos meses han sido una gran preocupación; la crisis que se vive en Nicaragua no ha sido la excepción, donde amplios sectores, sobre todo entre ellos los estudiantes en gran parte del país, se han conmovido hasta la ruptura debido a los abusos de un gobierno que supuestamente representa una tradición revolucionaria que muchos de nosotros hemos defendido durante años.

De tal manera, la humildad que menciono arriba toma un giro desagradable, porque ¿cómo es que los abusos de hoy son los del mismo partido que luchó contra abusos similares hace unos cuarenta años? ¿Cómo es que la tradición sandinista evolucionó hasta convertirse en el monstruo en el que se ha convertido? ¿Cómo es que Daniel Ortega, que sufrió en la cárcel Modelo, ahora manda a pudrirse a los manifestantes a dicha institución? ¿Cómo es que quien luchó contra una dictadura horrenda ahora ha llegado a reflejar esa dictadura en su propio gobierno?

¿Cómo es que este supuesto ícono de la izquierda ha llegado a traicionar a casi todos los inquilinos del socialismo democrático? ¿Cuáles son las fuentes internas del síndrome de repetición de Nicaragua donde el poder corrompe a quienes han buscado combatir la corrupción?

En el caso de Ortega, también está la esposa, no Gioconda Belli, que ha acumulado poder a través del estatus de su esposo y sus propias manipulaciones, cuyo amor por las gafas de diseñador la colocó al mismo nivel que Imelda Marcos y sus zapatos. Seguramente, es una de las grandes Lady Macbeth del Tercer Mundo. Ascendió al poder en la esfera cultural pisoteando el sector cultural y expulsando al venerado poeta-sacerdote del país en el proceso; luego ganó el poder político como su precio por apoyar a Daniel y tratar de desacreditar la afirmación creíble de su hija de que haber sido víctima de agresión sexual por parte de su padrastro.

Parece haber un patrón socio-psicológico que mezcla sexo y poder, que ayuda a explicar parte de lo que ha sucedido: así como Somoza victimizó a Daniel y a Nicaragua, llegó a victimizar al hijo de su esposa y ahora, a todo el país. Así como la madre traicionó a su hija, ahora traiciona a todos los que buscan oponerse a ella y a su amado esposo.

Existen, por supuesto, razones estructurales más profundas para el fracaso sandinista, como las hay para innumerables fracasos de izquierda en toda América Latina. Resultados de una herencia colonial que involucran estructuras profundas de racismo, sexismo y machismo que parecen intactas o tal vez incluso agitadas a medida que se acumula el poder. Los primeros abusos de poder, las primeras demostraciones de corrupción se convirtieron en un patrón general; todo esfuerzo por mantener la revolución implicó compromisos, y sí, tratos torcidos que enterraron la revolución día a día. El racismo, el eurocentrismo, el ladinocentrismo, el clasismo y el sexismo que socavaron mucho de lo que los sandinistas buscaban lograr fueron las razones de su fracaso tanto como cualquier cantidad de intervención estadounidense, ya que sus modelos y proyectos de modernización chocaron con las tradiciones y los valores de campesinos y otros grupos en cuyo nombre supuestamente se hizo la revolución.

Todos los veteranos que tratamos de ganar el apoyo para la revolución entre innumerables estudiantes y lectores, ¿qué sentimos ahora frente a los Ortega? ¿Qué les faltaba a nuestros modelos analíticos? ¿Engañamos a nuestros estudiantes? ¿Qué teorías son totalmente adecuadas para explicar lo que ha sucedido?

Ahora, mientras leo *Sandino en la frontera,* noto que mi libro original de alguna manera señaló las semillas del desastre actual en Nicaragua, y esta versión revisada en español lo hace aún más. Sin embargo, nada en este libro que tenga lugar principalmente antes y durante los años de la lucha antisomocista puede hacer plena justicia a lo que ha sucedido. De esta manera solo deseo rendir homenaje a aquellos nicaragüenses que han tenido el coraje de hacerle frente al actual régimen poniendo en riesgo su libertad y su vida. En especial quiero rendir homenaje a Luis y a Manuel Andara, así como a sus hermanas, Concepción y Ana, y a la hija de Ana, por sus diversas maneras de intentar construir una Nicaragua mejor. Actualmente una nueva generación y sectores sociales continúan la lucha por la justicia y la igualdad. Solo podemos admirar sus esfuerzos esperando lo mejor, aun cuando temamos lo peor, respecto a los procesos sociales desatados en las luchas actuales en la tierra de Sandino.

SOBRE MARC ZIMMERMAN

Marc Zimmerman es Profesor Emérito de Estudios Latinoamericanos y Latinos de la Universidad Illinois en Chicago (UIC) así como también Culturas y Literaturas Mundiales en el Departamento de Lenguas Clásicas y Modernas de la Universidad de Houston, donde tuvo el cargo de presidente (2002-2008). Participó de manera activa en organizaciones comunitarias del Medio Oeste por algunos años. Ha sido director de la editorial Global CASA/LACASA desde 1988; y ha escrito y editado más de cuarenta libros sobre estudios culturales y literarios mundiales, latinoamericanos y latinos. Ha escrito varios libros y edicione con enfoque centroamericano y dos libros centrados en latinos: *U.S. Latino Literature* (1992) y *Defending their own in the Cold: U.S. Puerto Ricans and their Cultural Turns* (2011); fue además co-editor de *Ir y Venir: Procesos transnacionales entre América Latina y el Norte,* Orbis/Urbis *Latino: Los "hispanos" en las ciudades de los Estados Unidos,* y *Bringing Aztlán to Mexican Chicago*. Sin embargo, en años recientes, regresó a su antiguo amor, la escritura creativa.

Zimmerman tiene un Doctorado en Literatura Comparada de la Universidad de California, donde estudió con Fredric Jameson, Herbert Marcuse, Carlos Blanco Aguinaga, y Claudio Guillén. Su Maestría la hizo en Escritura Creativa (en la Universidad Estatal de San Francisco, donde estudió con Walter Van Tilburg Clark, Herbert Blau, Mark Harris, Herbert Wilner, y Ray West. Sus primeras historias fueron publicadas en *The Dartmouth Quarterly, Descant, The Great River Review,* and (en traducción) *Nuova Prosa,* una revista de ficción en Milán, Italia. Recientemente, sus cuentos han aparecido en la revista en línea de la Chicago Latina, *El BeiSMan,* así como en *Voices in Italian Americana y Literal,* una revista literaria latinoamericana con sede en México.

Actualmente, Zimmerman ha estado trabajando en libros y sobre proyectos que tratan con la escritura chicana de Chicago y con el arte latino de Chicago. Sus esfuerzos principales se han centrado en escribir y publicar varios libros de memoria-ficción, incluyendo *Martín and*

Marvin (Chicago 2016; trad. al español), 2021), *The Italian Daze* (2017), y *The Short of it All*, traducido como *Cuán alta la luna* (en español, 2019). Tambien ha publicado *Genesis, Two Ways West, No Light from Heaven, Lines on the Border, La Dolce Vita on the Northern Side, Sandino on the Border* y *Managua mon amour (Nevermore)* 2017-2020*)*, como partes de Ciclo I, su serie "proustiano", "Ilusiones de memoria" (ver www. marczimmerman.net).

El autor y su esposa, Esther Soler, viven entre Chicago y el país natal de ella, Puerto Rico, con frecuentes viajes a ver a la familia y amigos en Minnesota y California. En 2018, pasaron cinco semanas en México; en 2019, viajaron a Costa Rica; esperan regresar a otras partes de América Latina en un futuro próximo.

SOBRE MARISABEL MARTÍN CÓRDOVA

Madre, maestra y escritora puertorriqueña. Completó su bachillerato en Estudios Hispánicos con concentración en Literatura en la Universidad de Puerto Rico, Recinto de Río Piedras. Posee una maestría en Creación Literaria de la Universidad del Sagrado Corazón de Santurce, Puerto Rico. En 2019 publicó su primera entrega literaria, la novela *Entre paréntesis* (actualmente disponible en Amazon), con la editorial Atelier. Colaboró como traductora de algunos cuentos y en la revisión final de *Amores Fronterizos* y es traductora de *Martín y Marvin* y ahora este libro. Actualmente vive en Quebradillas, Puerto Rico, donde trabaja en sus próximos proyectos literarios y sociales.

SOBRE CARLOS BARBERENA

Carlos Barberea. McShitter. 2009.

Carlos Barberena de la Rocha (n. 1972) es un grabador nicaragüense con sede en Chicago. Nació en una familia de artistas, hijo de Myriam de la Rocha Silva (n. 1938) y Roberto Barberena Ruiz (1938-1972), quienes lamentablemente fallecieron en un accidente automovilístico cuando Carlos tenía solo seis meses de edad. Su madre descendía de una familia de artistas. Destacan los grandes retratistas del siglo XIX, Segundo de la Rocha y Juan Eligio de la Rocha, quienes descubrieron y salvaron la obra de teatro oral tradicional indígena *El Güegüense*, hoy considerada una obra maestra de la época colonial de Nicaragua. Roberto era un gran amante del arte y dedicaba su tiempo libre a escribir poesía, pintar con acuarelas y tocar la guitarra. Carlos tuvo una infancia normal. Su interés por el arte se despertó al ver a sus hermanos mayores, Robert (n. 1961) y César Barberena (n. 1962), ambos grandes artistas, adentrarse en el incierto mundo de las bellas artes. Si bien Carlos no siguió ninguna formación profesional, recibió la tutela principalmente de su hermano mayor.

Sin embargo, su interés por el arte fue interrumpido por la dictadura y la guerra civil en Nicaragua en ese momento. En 1986 se exilió forzosamente en Costa Rica donde encontró refugio y pudo continuar sus estudios. Pero no fue hasta 1990 que su verdadero interés por las actividades artísticas le permitió volver a visitar sus recuerdos y ponerlo en el camino para convertirse en el artista gráfico en el que se ha convertido.Barberena ha expuesto individualmente en Costa Rica, Estonia, Francia, México, Nicaragua, España y los Estados Unidos de América. Su trabajo ha sido expuesto en importantes bienales de arte, museos, galerías y centros culturales de todo el mundo. Ha recibido varios premios, quizás el más notable es el "Premio Nacional de Grabado 2012" otorgado por el Instituto Nicaragüense de Cultura en Managua, Nicaragua. Desde entonces, ha continuado su trayectoria internacional y se ha convertido en uno de los artistas más famosos que trabajan en la comunidad artística del vecindario de Pilsen en Chicago. Su maravilloso libro, Barberena: Master Prints (Chicago: El BeiSMan Press) apareció en una edición organizada por Francisco Piña en 2016;

Marc Zimmerman lo revseñó con gran entusiasmo (ver "Barberena: Art as Resistance to the Emerging Farce" 2016-12-07. www.elbeisman. com/article.php?action=read&id=1282; ver también el sitio web de Barberena en https://www.carlosbarberena.com/).

Mientras creaba *Sandino en la frontera*, Zimmerman le pidió a Barberena que proporcionara un horizonte urgano del centro de Los Ángeles basado en uno que aparece en una pintura del artista salvadoreño-ángelino, Rafael Escamilla, con el fin de desarrollar una imagen de portada que pudiera representar a los nicaragüenses y otros centroamericanos (especialmente a los jóvenes) ante las turbulencias fronterizas de Tijuana / San Ysidro y la ciudad imán del sur de California durante la década de 1970, pero también, de alguna manera, durante el futuro distópico de paredes trumpianas, todo esto, pedido (y entregado) en un momento en que los jóvenes nicaragüenses lanzaron grandes manifestaciones a gran escala contra el gobierno de Ortega de Nicaragua y otros centroamericanos acumulados en esta misma frontera, cientos sufriendo separación familiar, en la primavera de 2018. Entonces, como ahora, San Diego era una sombra menor pavoneándose a través del escenario de inmigración, mientras L.A. parecía estar obsesionado con las vidas de aquellos que luchaban por ser o no ser. Asi en su revisión Barberena tomó una obra muy conocida, *El niño y la nube* del artista costaricense, Francsico Amighetti, y la combinó con sus imágenes de la pared, Los Ángeles y Sandino para proporcionar la obra presentada en la portada y variada en otros momentos a traves de *Sandino en la frontera*.

Zimmerman también le pidió permiso a Barberena para usar ciertas imágenes apropiadas del libro del artista para mejorar el esfuerzo del autor en palabras. Así que tenemos las imágenes que aquí se presentan, incluida La McMona, con su blin de McDonald's y quizás la más llamativa de todas, "McShitter": un retrato brillante de una cultura 'McDonaldizada' con una figura 'McDonaldizada' (un hombre, por supuesto, en este caso, el propio artista) sentado en un baño 'McDonaldizado', comiendo mientras caga la mierda que está comiendo . Esta imagen final nos prepara para la trayectoria visual aún mayor de Barberena hacia el futuro. Pero "McShitter", con fecha de 2013, es quizás también una visión política, que muestra dónde estábamos en noviembre de 2012, con un "McShitter" sentado en su trono en Washington y otro todavía sentado en el suyo en Managua, ambos arrojándose sobre la gente y el mundo a medida que pasa el tiempo. Por supuesto, McShitter también somos todos los que escribimos y creamos arte, si de alguna manera no podemos al menos intentar contribuir a hacer un mundo mejor.

Libros en la serie *Ilusiones de la memoria* de Marc Zimmerman,

Visión general, 1939—
The Short of it All — 1945—
  Trad.: Cuán alta la luna
Stores of Winter—1945-1960s
The Italian Daze—1950s-2016
    Versión italiana: La penisola non trovata

B. Ciclo I. 1939-1981
Genesis—1939-1958
Two Ways West—1958-1961
No Light from Heaven—1961-1966
The Border Trilogy—1966-1972
        La Dolce Vita on the Northern Side
        Lines on the Border
        Trad. de cuentos seleccionados: Amores fronterizos
        Sandino on the Border
        Trad.: Sandino en la frontera
Managua, Mon Amour (Nevermore)—1969-1981

C. Ciclo II. 1981—
Martín and Marvin—1981-2005
Trad: *Martín y Marvin*
Borderless Mexico. 1979-- Forthcoming.

Recent Central American Studies Books and CDs
Published, Developed or Distributed by LACASAChicago
(visit www.marczimmerman.net for content & purchase details)

Marc Zimmerman. *Goodbye to Political Economy in Central American Cultural Studies? Searching for a Method.* Beau Bassin, Mauritius. Editorial Académica Española. 2017.

Juan Mora-Torres, Francisco Piña & Marc Zimmerman, eds. *La cosecha amarga/ The Bitter Harvest: El norte de Centro-América y los centro-americanos en El Norte desde los tiempos insurreccionales a la coyuntura actual/ Northern Central America and Central Americans in El Norte from Insurrectional Times to the Current Conjuncture.* CD vol. Chicago: El BeiSMan and LACASA Chicago 2015.

Oscar Estrada. *Honduras: Crónicas de un pueblo golpeado. Un libro a la vez de crónica y testimonio que relata día por día el Golpe de Estado de 2009* / Co-published by Casasola y LACASA, 2010

José Luis Rocha Gómez. *Provocation and Protest: The Student Movement in Nicaragua's Uprising.* Foreword by Helena Poniatowska; Afterword by MZ. LACASA Chicago, 2020.

Backlist.

Books by Marc Zimmerman

Literatura y testimonio en Centro-América: Posiciones post-insurgentes. Guatemala City. Casa Editorial de la Universidad Rafael Landívar. 2006.
Literature and Resistance in Guatemala: Textual Modes and Cultural Politics from El Señor Presidente to Rigoberta Menchú. Athens, Ohio: Ohio U. Press, 1995.
      Volume I: Theory, History, Fiction and Poetry.
      Volume II. Testimonio and Cultural Politics under Cerezo and Serrano-Elías.
Literature and Politics in the Central American Revolutions. With John Beverley.
Austin. U. of Texas Press. 1991.

Collections edited by or with Marc Zimmerman

Gabriela Baeza Ventura y MZ, coords. *Estudios culturales centroamericanos en el nuevo milenio.* San José. C.R.
Editorial de la Universidad de Costa Rica 2009.
MZ, ed. Guatemala: Voces desde el silencio (Guatemala: Palo de Hormigo and Oscar de León Palacios, 1993).

Trans.: *Voices from the Silence: Guatemalan Literature of Resistance*. Athens, OH: Ohio U. Press, 1998.

MZ, El Salvador at War: A Collage Epic. Minneapolis: MEP, 1988.

Nicaragua in Reconstruction and at War. Minneapolis: MEP, 1985.

Nicaragua en Revolución: Los poetas hablan/ Nicaragua in Revolution: The Poets Speak. Minneapolis: MEP, 1983, 1980.

Ernesto Cardenal, *Flights of Victory/ Vuelos de victoria*. Ed. and trans. by MZ, et al. Preface and intro. by <u>MZ</u>.

Willimantic, CT: Curbstone Press, 1988. Maryknoll, NY: Orbis Books, 1985.

Rubén Darío, *Nuestro Rubén Darío*, intro. Ernesto Mejía Sánchez, Selección por Jorge Eduardo Arellano,

Fidel Coloma, Julio Valle y MZ. Managua: Ministerio de Cultura, 1980.